Psychotherapie im Alter

Forum für Psychotherapie, Psychiatrie, Psychosomatik und Beratung

Herausgegeben von
Peter Bäurle, Münsterlingen; Johannes Kipp, Kassel; Meinolf Peters, Marburg/
Bad Hersfeld; Hartmut Radebold, Kassel; Angelika Trilling, Kassel;
Henning Wormstall, Schaffhausen/Tübingen

I0027887

Beirat

Psychosozial-Verlag

P⊞V

Impressum

Psychotherapie im Alter
Forum für Psychotherapie, Psychiatrie, Psychosomatik und Beratung

ISSN 1613–2637
5. Jahrgang, Nr. 17, 2008, Heft 1

ViSdP: Die Herausgeber; bei namentlich gekennzeichneten Beiträgen die Autoren. Namentlich gekennzeichnete Beiträge stellen nicht in jedem Fall eine Meinungsäußerung der Herausgeber, der Redaktion oder des Verlages dar.

Erscheinen: Vierteljährlich

Hg: Dr. Peter Bäurle, Dr. Johannes Kipp, Dr. Meinolf Peters, Prof. Dr. Hartmut Radebold, PD Dr. Astrid Riehl-Emde, Dipl.-Päd. Angelika Trilling, Prof. Dr. Henning Wormstall

Die Herausgeber freuen sich auf die Einsendung Ihrer Fachbeiträge! Bitte wenden Sie sich an die Schriftleitung:
Dr. Johannes Kipp
Ludwig Noll Krankenhaus, Klinik für Psychiatrie und Psychotherapie
Klinikum Kassel
Dennhäuser Straße 156, 34134 Kassel
Tel. 0561/48 04-0 · Fax 0561/48 04-402
E-Mail: j.kipp@psychotherapie-im-alter.de
www.psychotherapie-im-alter.de
Redaktionelle Mitarbeit: Klaus Rudolf Schell (Schwerte)

Übersetzungen: Keri Shewring

Satz: Hanspeter Ludwig, Gießen

Anfragen zu Anzeigen bitte an den Verlag:
E-Mail: anzeigen@psychosozial-verlag.de

Abonnentenbetreuung
Psychosozial-Verlag
E-Mail: bestellung@psychosozial-verlag.de
www.psychosozial-verlag.de

Bezug
Jahresabo 49,90 Euro · 85,50 SFr (zzgl. Versand)
Einzelheft 14,90 Euro · 26,80 SFr (zzgl. Versand)
Studierende erhalten gegen Nachweis 25% Rabatt.
Das Abonnement verlängert sich um jeweils ein Jahr, sofern nicht eine Abbestellung bis zum 15. November erfolgt.

Die Herausgabe der Zeitschrift wurde von 2004–2008 von der **Robert-Bosch-Stiftung** gefördert.
Die Herausgeber danken auch für die Unterstützung durch die Arbeitsgruppe Psychoanalyse und Altern, Kassel.

PiA Heft 1/2008
Spiritualität

Institutionen stellen sich vor

Buchbesprechungen

Zum Titelbild

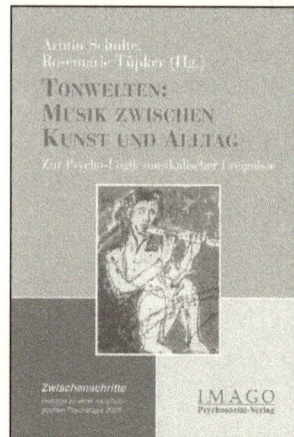

Spiritualität und Alter –
Hindernis oder Hilfe in der Therapie?

Was ist eigentlich Spiritualität? Zunächst einmal ein undeutlicher, vielfältiger, vielschichtiger und veränderlicher Begriff, der oft mit Religion gleichgesetzt wird. Der Versuch einer eindeutigen Definition bleibt Stückwerk und wäre nur pseudopräzise. Ich möchte deshalb zunächst folgendes Stimmungsbild zeichnen:

Mit der Spiritualität könnte es sich so verhalten, wie mit der Wirkung einer orthodoxen Kirche auf einen Besucher. Der Innenraum, meist mit einem kreuzförmigen Grundriss, ist vielgestaltig und wirkt verwinkelt, er ist in seiner Gesamtheit darauf ausgerichtet, das Gegenständliche zu überhöhen. In diesem illusionären Raum, der eine Vorstellung vom Himmel vermitteln soll, dient alles der Gefühlssteigerung. Wände, Kuppeln und Gewölbe sind mit prachtvollen Fresken und Mosaiken verziert; Gold und Silber glänzen im mystischen Wechsel von Hell und Dunkel. Das Allerheiligste bekommt der Kirchenbesucher nicht zu sehen; die Ikonostase schirmt es mit ihren Bildern von der Gemeinde ab, ähnlich wie in manchen katholischen Kirchen der Lettner, der das einfache Volk im Kirchenschiff vom Altarraum trennt. Die Tür bleibt verschlossen, der Raum dahinter ist tabu, er bleibt ein »Übergangsraum« für Spekulationen, für Erhabenheit, Gott und Ewigkeit, zumindest aber für eine erhabene überpersonale Idee – oder für Leere und Nichts?

Um bei Architektur zu bleiben: Ist es ein Zufall, dass Motive mystischer Überhöhung wie Zitate von Sakralbauten sich in den Bahnhofsbauten des 19. Jahrhunderts in amerikanischen Wolkenkratzern, in Moskauer Metrostationen und stalinistischer Zuckerbäckerarchitektur zeigen? Gibt es auch eine Spiritualität nichtreligiöser Art, eine Spiritualität des Vernunftglaubens, des Positivismus, des Konsums, des Kommunismus und anderer Ideen, die als spirituelle Sinngebungsversuche für die menschliche Existenz dienen? Ich meine ja! Solche Einstellungen erheben, ebenso wie Religionen, häufig einen Absolutheitsanspruch.

Spiritualität (lateinisch: Spiritus, d.h. Geist, Rauch) bedeutet im weitesten Sinne eine Form von Geistigkeit, in der alles Wirkliche Geist und Erscheinungsform des Geistes ist. Spiritualität steht für die Verbindung zum Transzendenten oder zur Unendlichkeit. Transzendenz weist nach herkömmlichem Verständnis auf einen Bereich hin, der über das empirisch Erfahrbare hinausgeht und über den in der Metaphysik philosophiert wird. Religiöse Spiritualität manifestiert sich aber auch in der Lebenspraxis. Spiritualität in diesem Sinne geht davon aus, dass die menschliche Seele ihren Ursprung einer göttlichen oder transzendenten Instanz verdankt oder zu einer höheren Wirklichkeit in Beziehung steht. Spiritualität hat so Auswirkung auf die Ausgestaltung des individuellen Lebens. Hier gibt es eine Vielzahl von Bedeutungsnuancen, die sich teilweise überschneiden. In Nachschlagewerken wird Spiritualität mit Frömmigkeit häufig gleichgesetzt.

Heute ist Spiritualität darüber hinaus zu einem Modewort einer Bewusstseinshaltung geworden, die mit Begriffen wie Esoterik, Lebenshilfe, New Age und alternativer Heilkunde in Verbindung steht.

Spiritualität kommt auch in Gebet, Meditation, Gottvertrauen, Geborgenheit, Erkenntnis, Weisheit, Einsicht, Transzendenz, Mitgefühl, Toleranz, Ehrfurcht und Dankbarkeit aber auch im bewussten Umgang mit anderen und sich selbst zum Ausdruck. Spirituelle Erfahrungen werden oft als mystische Erleuchtung, Selbst- und Gottesrealisation, ahnungsvolle Schau, ergreifende Erfahrung und als religiöses Evidenzerlebnis beschrieben. Spiritualität ist auch die gelebte praktische religiöse Erfahrung in allen Religionen. Mit einer spirituellen Einstellung wird versucht, das persönliche Leben in Einklang mit dem Weg der Lebenskraft zu vollziehen, oft verbunden Verschmelzungsfantasien, in denen man sich mit der ganzen Welt verbunden fühlen kann.

Noch vor wenigen Jahren waren Themen wie Spiritualität und Alter in Psychoanalyse und Psychotherapie Außenseiterthemen. Die Ursachen hierfür sind vielfältig. Radebold (1994, 1997) wies auf Freuds eigene Widerstände hin sich mit dem Alter zu beschäftigen. Die Trennung von Religion und Wissenschaft in der Aufklärung und die Dominanz der Naturwissenschaften führten zur Deutungshoheit von Medizin, Psychologie und Sozialwissenschaften über Körper, Geist und Seele. Die Religionskritik im 19. Jahrhundert hat die dualistischen Vorstellungen der Trennung von Leib und Seele in Frage gestellt. Deshalb beschäftigen sich Psychoanalyse und Psychosomatik nicht mit der Erforschung einer im Leibe wohnenden unsterblichen Seele, sondern mit dem Menschen als einer bio-psycho-sozialen Einheit.

Feuerbach, Marx, Nietzsche und Freud vertraten Sichtweisen, wonach Vorstellungen von Gott Projektionen menschlicher Beziehungen, Wünsche und Konflikte seien. Freuds religionskritische Untersuchungen führten bei vielen Psychoanalytikern dazu, religiöse Phänomene in den Bereich des Infantilen und Pathologischen zu verweisen. In »Zwangshandlungen und

Religionsausübung« (1907) entdeckte er den Zusammenhang zwischen neurotischen Ersatzhandlungen und religiöser Praxis unter dem Aspekt individueller und kollektiver Schuldendlastung. Seine Argumentationsrichtung zielte in »Zukunft einer Illusion« (1927) darauf ab, Religion als magische, allgemeinmenschliche Zwangsneurose zu verstehen, die allein durch Wissenschaft überwunden werden kann.

Ein zweiter Argumentationsstrang Freuds in »Totem und Tabu« (1913) und in »Der Mann Moses und die monotheistische Religion« (1938) betont die ontogenetischen und phylogenetischen Aspekte von Religionen im Hinblick auf ihre Wirkung als gesellschaftlicher Ordnungsfaktor durch Triebverzicht. Nach Freud leitet sich eine Illusion aus menschlichen Wünschen ab, die nicht realisiert werden können, sie muss aber nicht notwendigerweise falsch sein oder im Widerspruch zur Realität stehen.

Der Glaube, dass Religion und Spiritualität sich restlos im psychoanalytischen Denken auflösen lassen, das auf Vernunft basiert und der Wissenschaft den Weg bahnt, hat sich schon nach der Auffassung von Pfister (1928) selbst als eine fromme Illusion herausgestellt. Freud musste sich aber am Anfang des 20. Jahrhunderts noch im Streit zwischen wissenschaftlicher Aufklärung und den Denkverboten mächtiger Kirchen behaupten. Diese religiösen Denkverbote gelten heute kaum mehr; der äußere Konflikt hat sich in einen individualisierten transformiert, der intrapsychisch ausgetragen werden muss. Es stellt für viele aufgeklärte Menschen ein Tabubruch dar, sich mit spirituellen Themen zu beschäftigen – die Angst dem Okkultismus zu erliegen ist groß.

Spirituelle Wertesysteme in Therapien unterliegen oft einem Tabu, Patienten sprechen unbefangener über Sexualität als über solche Themen. Die schamhafte Ausklammerung religiöser Fragen führt dazu, dass ihr Einfluss unterschätzt wird, es besteht dann die Gefahr, dass sie ein unintegriertes und destruktives Eigenleben führen und dass Patienten oft mit brennenden Fragen und Ängsten alleine gelassen werden. Dass angesehene Psychoanalytiker undogmatisch auf die Vereinbarkeit von religiösen Überzeugungen mit der eigenen psychoanalytischen Identität hingewiesen haben (Kernberg 2000, Chasseguet-Smirgel 1984, Rezzuto 1979, Zilboorg 1958), hat seit längerer Zeit eine offene Diskussion angestoßen, die notwendig ist, um heutigen Therapieanforderungen gerecht zu werden.

Menschen werden heute deutlich älter als vor hundert Jahren. Für die Behandlung Älterer gilt, dass der beschleunigte Kulturwandel während ihres Lebens von ihnen eine hohe Umstellungsfähigkeit fordert. Ältere werden gleichzeitig immer mehr mit Ungleichzeitigen konfrontiert. Technischer Fortschritt, Globalisierung und Migration eröffnen neue Möglichkeiten und schaffen gleichzeitig neue Unsicherheiten. Dazu gehört auch – für viele Ältere höchst irritierend – ein Durchlässigwerden traditioneller Herkunftsmilieus und eine Fremdheit in vermeintlich vertrauter Umgebung. Entlastende Funktionen durch Routine, Riten und Traditionen sind heute stärker denn je in Frage gestellt; dementsprechend ist das Ideal der Altersweisheit als ein den Selbstwert stabilisierendes Moment für viele Ältere kaum erreichbar. Verluste, Krankheiten und bilanzierende Gedanken über verpasste Chancen drängen sich vielmehr ins Bewusstsein und lassen manchen alten Menschen verzweifeln und verbittern.

Die Nähe zu existenziellen Tatsachen, nämlich dass es im Leben ungerecht zugeht, dass man Leid und Tod nicht entfliehen kann, dass selbst die intensive Nähe zu anderen Menschen eine grundsätzliche Einsamkeit nicht überwindet, könnte, vordergründig betrachtet, alte Menschen der Religion und Spiritualität näher bringen. Wohin bewegen sich die Älteren? Flüchten sie in den Konsum? Andererseits: Ist Spiritualität für Ältere nicht eine konkrete Lebenshilfe? Kann sie helfen bisher ungelöste Konflikte durchzuarbeiten und reale Verluste zu betrauern oder führt sie zur Realitätsverleugnung?

Viele dieser Themen werden in den Beiträgen dieses Bandes berücksichtigt, eine einfache Antwort gibt es nicht. Es ist aber nicht möglich, das gesamte Spektrum der Überlegungen und Erfahrungen zur Spiritualität im Alter hier zu erfassen. Nach einem Überblick kommen Autoren zu Wort, die Spiritualität im Juden- und Christentum, also im Rahmen weitgehend kohärenter Sinngebungssysteme aus theologischer Sicht darstellen, während in den danach geschilderten therapeutischen Erfahrungen deutlich wird, welche Schwierigkeiten bei älteren Menschen bestehen, einen Zugang zu einer Halt gebenden Spiritualität zu bekommen.

In dogmatisch geschlossenen Sinngebungssysteme kommt es leicht zu formelhafte Antworten und idealisierenden Beispielen, Patienten mit ihren Zweifeln und Unsicherheiten werden kaum dort abgeholt, wo sie stehen. Es ist aber auch nicht hilfreich, wenn Psychotherapeuten die beunruhigende Dimension der Spiritualität ausklammern. Können sie dann andere Menschen überhaupt verstehen? Die Absicht dieses Bandes ist es, einen Beitrag zu einem Brückenschlag zu leisten. Es wäre für ältere Patienten hilfreich, wenn Seelsorge und Psychotherapie sich im Umgang mit alten und leidenden Menschen mehr ergänzen würden. Trotz aller historischer Vorbehalte und Vorurteile auf beiden Seiten ist es wichtig, wie Raguse (2000) vorschlägt, sich auf die gemeinsamen Wurzeln zu besinnen, nämlich auf das Gottes- und Menschenverständnis der jüdischen Tradition. Die hier publizierten Artikel zeigen aber, wie unterschiedlich die Denkweisen sind. Auf beiden Seiten gilt es, sich auf die spirituelle Lebenswelt der Patienten einzulassen und sich mit einer Spiritualität zu beschäftigen, die oft von unserem heutigen Lebensgefühl weit entfernt zu sein scheint. Die Wurzeln der religiösen Welt alter Menschen reichen bis ins 19. Jahrhundert zurück.

Abschließend möchte ich auf einen Gedanken Winnicotts (1953) hinweisen. Spiritualität ist sicher auch dann hilfreich, wenn man sie als illusionäre Übergangswelt auffasst, die den Ursprung von Kreativität, Phantasie und Religion darstellt und die dementsprechend therapeutisch genutzt werden kann. Eine intellektualisierte Endmythologisierungshaltung ist aus diesem Grund nicht hilfreich und gefährdet therapeutische Bündnisse. Der kreative Aspekt von Spiritualität kann ein wichtiger Verbündeter sein, um ältere Patienten auch in diesem Grenzbereich zu begleiten.

Bertram von der Stein (Köln)

Literatur

Chasseguet-Smirgel J (1984) Creativity and Perversion. New York (Norton).

Freud S (1907) Zwangshandlungen und Religionsausübung. GW VII, Frankfurt (Fischer 1972) 127–139.

Freud S (1913) Totem und Tabu. GW IX, Frankfurt (Fischer 1972).

Freud S (1927) Die Zukunft einer Illusion. GW XIV, Frankfurt (Fischer 1972) 321–380.

Freud S (1930) Unbehagen in der Kultur. GW IX, Frankfurt (Fischer 1972) 419–506.

Freud S (1938) Der Mann Moses und die monotheistische Religion. GW XVI, Frankfurt (Fischer 1972) 103–246.

Kernberg O (2000) Einige Überlegungen zum Verhältnis von Psychoanalyse und Religion. In: Basler M (Hg) Psychoanalyse und Religion. Versuch einer Vermittlung. Stuttgart, Berlin, Köln (Kohlhammer) 107–134.

Pfister O (1928) Die Illusion einer Zukunft. Imago Heft 2/3.

Raguse H (2000) Grenzübertritte zwischen Seelsorge und Psychoanalyse. In: Basler M (Hg) Psychoanalyse und Religion. Versuch einer Vermittlung. Stuttgart, Berlin, Köln (Kohlhammer) 53–65.

Rizuto AM (1979) The Birth of the living God. Chicago (University Press).

Radebold H (1994) Freuds Ansichten über die Behandelbarkeit Älterer. Z Psychoanal Theorie und Praxis 9: 247–259.

Radebold H (1997) Psychoanalyse und Altern. Zwei einander Fremde beginnen den Dialog. In: Radebold H (Hg) Altern und Psychoanalyse. Göttingen (Vandenhoek & Ruprecht).

Winnicott DW (1953) Übergangsobjekte und Übergangsphänomene. In: Winnicott DW (1979) Vom Spiel zur Kreativität. Stuttgart (Klett-Cotta) 10–36.

Zilboorg G (1958) Freud and Religion. London (Geoffry Chapman).

Korrespondenzadresse:
Dr. Bertram von der Stein
Quettinghofstr. 10a
50769 Köln
E-Mail: *Dr.von.der.Stein@netcologne.de*

Spiritualität im Alter

Wilfried Ruff (Bad Berleburg)

»*Jetzt schauen wir wie in einen Spiegel und sehen nur rätselhafte Umrisse, dann aber schauen wir von Angesicht zu Angesicht*« *(1 Kor. 13,12).*

Zusammenfassung

Mit der Frage, was dem eigenen Leben Sinn zu geben vermag, sucht der Mensch Zugang zu einem das Bewusstsein übersteigenden Bereich. Während eine so verstandene Spiritualität noch raumzeitlich begrenzt bleibt, bezieht sich der Mensch in seiner Religiosität auf ein Wesen (das Heilige, Göttliche), das er als unendlich versteht, außerhalb seiner in Raum und Zeit fassbaren Wirklichkeit. Mit zunehmendem Alter stoßen bisherige Lebensentwürfe an ihre Grenze. Das näher rückende Lebensende konfrontiert – im Rückblick – mit der Frage nach der Wertung des bisherigen Lebens und – im Ausblick – mit der Frage nach der Gestaltung des ausstehenden Lebensabschnitts. Sofern sich der alternde Mensch auf diese Fragen einlässt, sind damit nicht selten spirituelle bzw. religiöse Erfahrungen verbunden. Mögliche Inhalte und Praktiken solcher Erfahrungen werden diskutiert. Überzeugende Untersuchungen von deren Auswirkungen sind allerdings noch selten und beziehen sich bisher auf die subjektive Befindlichkeit des Einzelnen, nicht aber auf sein Umgehen mit anderen Menschen.

Stichworte: Religiosität, Spiritualität, Transzendenz, Mystik, Esoterik

Abstract: Spirituality in the Elderly

By questioning what makes life meaningful, humans search for access to an area exceeding consciousness. While this kind of spirituality is still limited by time and space, people direct their religiousness towards a being that they believe to be infinite and to be outside of their reality governed by time and space. With increasing age previous ways of life come up against limiting factors. The looming end of one's life causes a confrontation in retrospect with the question of evaluating one's life so far and the prospects of the future with the questions of living the rest of one's life. Provided that aging people deal with these questions, it is not rare that they link spiritual and religious experiences to them. Possible contents and practices of such experiences are discussed. Convincing investigations about experiences are rare and apply to the subjective state of the individual and not to one's social skills.

Key words: religiousness, spirituality, transcendence, mysticism, esoteric

Einleitung

Wer am Wochenende an einem Gottesdienst in einer christlichen Kirche Europas teilnimmt, wird dort oft überwiegend alte Frauen sehen. Eine von ihnen könnte während der neunziger Jahre in Paris auch Henrietta Théodora Markovic gewesen sein. Unter ihrem Künstlernamen Dora Maar war sie als Fotografin und Malerin berühmt gewesen. Selbstbewusst war sie 1936 mit Pablo Picasso eine wechselseitig befruchtende Liebesbeziehung eingegangen, die 1946 mit einem Nervenzusammenbruch von Dora Maar endete. Während einer zweijährigen Psychoanalyse bei Lacan genas sie wieder. Neben ihrer Kunst wurde ihr von da an das Meditieren zum Lebensinhalt. Als Dora Maar mit 89 Jahren in völliger Zurückgezogenheit starb, fand man ihre persönlichen Aufzeichnungen. In ihnen reflektiert sie ihre Einsamkeit seit dem Ende ihrer Beziehung zu Picasso:

»Ich gehe allein durch weites Land.
Das Wetter ist schön – doch keine Sonne. Keine Zeit
seit langem kein Freund, keiner der vorbeikommt.
Ich gehe alleine. Ich rede alleine«.

Doch sie fühlt sich nicht allein. Sie sieht sich als Pilgerin zwischen Zeit und Ewigkeit mit Gott als ihrem Ziel.

»Ich marschierte vor Dir, schließlich erinnerte ich mich an dich. Du hast mich
erwartet, du warst da
vor mir war ein großer Abgrund.«

Für sie ist ihr Glaube keine selbstverständliche Tradition und keine moralische
Leitlinie; er ist auch nicht nur ein Trost spendendes Heilmittel, sondern eine
existentielle Herausforderung.

»In dem Geheimnis meiner selbst, das mir selbst verborgen,
lebend heißt du mich leben«.

Sie lässt sich durch das Johannesevangelium und die spirituelle Tradition von
Augustinus bis zum Mystiker Johannes vom Kreuz leiten.

»Blind bin ich
und aus einem bisschen Erde gemacht.
Aber dein Blick verlässt mich niemals
und dein Engel wacht über mich.«

Kurz vor ihrem Tod vertieft sie sich in Betrachtungen über das Leben Jesu
und schreibt in Hoffnung auf ihr Ostern: »Auferweckt. Und wir werden
erlöst sein.«

Was sind Spiritualität und Religiosität?

Dora Maar beschrieb als Christin ihre religiösen Erfahrungen. Dabei suchte
sie nach Werten, die ihrem Leben Sinn zu geben vermochten. Sie fand Grund
und Ziel ihres Daseins. Gerade dadurch, dass der Mensch »die Frage nach
dem Sinn des Lebens stellt, ja mehr als das, dass er es wagt, die Existenz eines
solchen Sinnes sogar in Frage zu stellen«, manifestiert sich seine Mitmensch-
lichkeit (Frankl 1976/2007, 46). Eine derartige existentielle Grundhaltung, bei
der menschliches Dasein über sich hinausweisend verstanden wird[1], bezeichnet
man häufig als »Spiritualität«. Dieser vieldeutige »Container-Begriff« (in
den nach Sudbrack jeder hineinwerfe, was er wolle, zit. n. Renz 2005, 234)

---

1 »Der Mensch ist immer schon ausgerichtet und hingeordnet auf etwas, das nicht wieder er
selbst ist, sei es eben ein Sinn, den er erfüllt, oder anderes menschliches Sein, dem er begegnet« (Frankl 1968/2007, 100).

umfasst eine ganzheitliche Ausrichtung des Menschen. Sie hat im »Leben aus dem Geist« (K. Rahner) Zugang zu einem das Bewusstsein übersteigenden Bereich, der aber raumzeitlich bezogen bleibt (relative Transzendenz). In Abgrenzung von rational-materialistischem oder empirisch-naturwissenschaftlichem Denken versteht der spirituelle Mensch die Wirklichkeit auch als ein Geheimnis, das sich in Symbolen und Mythen verschlüsselt ausdrückt. Zum Bereich relativer Transzendenz gehören das Vor- und Unbewusste (S. Freud) und die Archetypen (C.G. Jung).

Davon grenze ich die religiöse Spiritualität (Religiosität) ab. In ihrer Suche nach dem, »was uns unbedingt angeht« (Tillich 1961), richtete sich Dora Maar auf Gott hin aus. Schon Thomas von Aquin bezeichnete als »religiös« all jene, die nach dem »Gott« genannten Grund und Ziel der Welt fragen (vgl. Vorgrimler 2000). Ein derart unendlich-unbegreiflich verstandenes Wesen ist nur außerhalb einer in Raum und Zeit fassbaren Wirklichkeit denkbar (absolute Transzendenz). Der Glaube an »Heiliges«, »Göttliches« prägt sich in verschiedenen religiösen Traditionen unterschiedlich aus und verdeutlicht sich in entsprechenden Symbolen, Riten und Kulten. Religiosität im engeren Sinn lässt sich von eher diffusen und unverbindlichen Formen der Religiosität dadurch unterscheiden, dass nicht nur ein religiöses Erleben und rituelle Handlungen bestimmend sind, sondern dass auch die Zugehörigkeit zu einer Gemeinschaft mit einer religiösen Lehre und ethischen Überzeugungen von Bedeutung ist (Ruff 2002). Nach christlicher Auffassung ist einem vernunftgemäßen Glauben dieser Bereich absoluter Transzendenz zugänglich geworden: Gott als transzendentes (und verborgenes) Wesen hat sich in Jesus Christus welt-immanent gemacht (und geoffenbart), um liebend den Menschen als seinen Geschöpfen in der Welt zu begegnen und sie hin zur Transzendenz zu erlösen (vgl. Joh. 3,16).

So verstanden ist Spiritualität ein Oberbegriff, unter dem sich eine Vielfalt von Glaubensvorstellungen und Lebensvollzügen subsumieren lässt. Ihre Inhalte und Praktiken werden – vor allem für die Bewältigung von Grenzsituationen und Lebenskrisen – im Hinblick auf ihre Wirksamkeit zu prüfen sein. Solche Prüfsteine sind gerade das »dritte Alter« nach dem Ende der Berufstätigkeit bzw. nach dem Auszug der Kinder, sowie die Pflegebedürftigkeit und das Sterben.

Auch wenn das Altern eines Lebewesens schon mit Beginn seines Lebendigwerdens einsetzt und als Kontinuum zu begreifen ist, so versteht der allgemeine Sprachgebrauch das Alter als letztes Stadium im Leben eines

Menschen[2]. Viele Autoren sehen das Alter als Endphase des Lebensweges, der – individualgenetisch vorgeprägt – durch viele (z.B. ökonomische, kulturelle) Umweltfaktoren beeinflusst wird. In diesem Rahmen erlebt und erleidet der Mensch seinen Weg, den er jedoch auch selbst mitgestaltet und mitbestimmt. Dabei orientiert er sich an seinen Bedürfnissen und Wünschen, an übernommenen Vorstellungen und Werten. In seiner spirituellen Orientierung kann er mehr auf sich selbst ausgerichtet sein oder sich mehr auf andere Menschen beziehen. Scharfetter (2005) sieht den alten Menschen »in der weiten Spanne zwischen den Polen eines zunehmend eingeengten und starren Egozentrismus und der ›weisen‹ Weitsicht mit der fortschreitenden Ich-Relativierung als Vorbereitung zur ›Rückgabe des Ich‹ im Tod« (83f.). Entsprechend sind alternde Menschen unterschiedlich fähig, neue Lebensperspektiven zu entwickeln. Peck (1977) bezeichnet das »Transzendieren« als eine neue Lebensperspektive: dabei wird eine bisherige Fixierung auf (berufliche) Interessen, auf den eigenen Körper und auf sich selbst hinterfragt und »überstiegen«. Gelingt es dem Menschen derart, einige Begrenzungen innerlich zu überwinden, vermag er auch die Perspektive seiner Endlichkeit und Sterblichkeit anzunehmen.

Aber wie begreifen Menschen sich selbst als spirituell oder religiös?

Spiritualität und Religiosität in der Bevölkerung

Während in sogenannten Entwicklungsländern Afrikas und Asiens Religionsgemeinschaften einen kräftigen Zulauf erleben, mindert sich in europäischen Ländern die Religiosität. Beispielsweise haben in der Schweiz die katholische und die protestantischen Kirchen zwischen 1990 und 2000 zehn Prozent ihrer Mitglieder verloren. Dagegen haben jene, die sich keiner Religionsgemeinschaft zugehörig fühlen oder keine Angaben machten, von 8,9 auf 15,4% zugenommen (Kruse 2005, 61). Eine deutliche Abnahme von Religiosität zeigt sich auch in Deutschland, insbesondere wenn man die Altersgruppen berücksichtigt. Von den 18–59-Jährigen bezeichneten sich 36,4% in den alten und 62,6% in den neuen Bundesländern als kaum oder nicht religiös gegenüber nur 15,8% bzw. 43,1% der 60–74-Jährigen (ebd. 58). In einer

---

2 Häufig wird heute das »dritte Lebensalter« (60–80 Jahre) unterschieden von dem »vierten Lebensalter« (über 80 Jahre).

Befragung von 593 über 60 Jahre alten Bundesbürgern im Jahr 2001 bejahten mehr als die Hälfte ganz oder teilweise, dass sie sich mit einer höheren »Wirklichkeit/Wesen/Gott« verbunden fühlen, dem sie sich anvertrauen können (Albani et al. 2005, 279, vgl. Albani u.a. 2004). In einer Schweizer Pilotstudie gaben drei Viertel von 56 Befragten im Alter von 55–89 Jahren an, dass sie an Gott glauben würden und dass ihr Glaube für sie eine Quelle von Trost sei. Fast drei Viertel von ihnen bekannten sich auch als einer Religionsgemeinschaft zugehörig; darin eingebunden fühlte sich aber nur die Hälfte (Schreiter Gasser u. Haske Pelsoeczy 2005, 292ff.).

Allerdings fehlen überzeugende Untersuchungen, die Spiritualität und Religiosität in einer Bevölkerung aufgrund einer klaren Begrifflichkeit zu erfassen suchen. Aus dem vorliegenden Material kann nicht geschlossen werden, dass spirituelle Bedürfnisse geringer geworden seien. An Sünde und ein Leben nach dem Tod glaubt in den alten Bundesländern zwar nur etwa die Hälfte der 18–59-Jährigen (Kruse 2005, 59). Nicht gefragt wurde aber nach dem Glauben an ein Schicksal, nach Angst vor Schicksalsschlägen und nach Praktiken, diesen zuvorzukommen; auch nicht gefragt wurde nach der Suche von Sinn und Ziel des eigenen Lebens. Die Shell-Studie 2006 lässt einen hohen Anteil von »Para-Religiosität« erkennen, d.h. 58% der Jugendlichen glauben an einen Einfluss von Schicksal, Geistern oder Sternbildern (Jugend 2006). Entsprechend waren Bücher zu Sinnfragen und über Esoterik in den letzten Jahren auffallend gesucht?[3]

Voraussetzungen für spirituelle Erfahrungen

Wie Altsein in den Vorstellungen vieler Menschen mit Gebrechlichkeit und Angewiesensein auf andere Menschen verbunden ist, so wird mit Frömmigkeit (einer früheren Bezeichnung für Spiritualität) häufig Abhängigsein und In-Not-Sein assoziiert. Die Hinwendung vieler Menschen zum christlichen Glauben gegen Ende des Zweiten Weltkriegs und danach fand ihre Erklärung in dem Spruch: »Not lehrt beten«. Heute scheint es weniger eine existentielle

---

3 Beispielsweise Eckhart Tolle: Jetzt! Die Kraft der Gegenwart. Ein Leitfaden zum spirituellen Erwachen. Kamphausen-Verlag, Bielefeld 2006 (16. Auflage) oder das 10-bändige Handwörterbuch des Deutschen Aberglaubens (1927–1942), das in seiner 3. Auflage während der letzten Jahre zweimal nachgedruckt werden musste (zuletzt bei Weltbild, Augsburg 2005).

Bedrohung zu sein, in der Menschen von einer Religion Halt und Sicherung erwarten. Vielmehr treibt die Sinnentleerung ihres Lebens Menschen zur Suche nach spirituellen Erfahrungen.

Von ihrer Jugend an verbringen Menschen heute viele Jahre ihres Lebens in einer oder mehreren Ausbildungen. Davon und von vielfältigen Freizeit- und Vergnügungsangeboten ist ihr Tag voll ausgefüllt. Mittels Erfolg und Geld hoffen sie glücklich zu werden und meist fühlen sie sich in ihrer Tüchtigkeit beglückt. Allerdings wird ihnen das Erreichte oft allzu rasch schal und selbstverständlich – ähnlich wie sich ersehnte Kinder oder Beziehungen enttäuschend entwickeln und lästig werden können. Solange sie aber noch andere, für sie erreichbare Ziele ausmachen und anstreben können, gelingen ihnen weitere »Kicks« zum »Glück«. Notfalls wird mit Drogen nachgeholfen, dem eigenen Körper und Geist noch mehr abzuverlangen und das eigene Leben zu einer dauernden Erfolgsgeschichte zu gestalten. Doch irgendwann »geht nichts mehr« oder zumindest deutlich weniger. Beschwerden in einzelnen oder mehreren Organen, geistige Aussetzer, sexuelle Potenzminderung und andere Erschöpfungszeichen können nicht mehr darüber hinwegtäuschen, dass endgültige Grenzen erreicht sind und das Altwerden spürbar ist. Die bisher erreichten Ziele lassen sich nicht mehr übertreffen, ja das Erreichte beginnt sogar zu zerfallen oder muss aufgegeben werden. Was bleibt? War das nun alles gewesen? Und wozu all die Anstrengungen? Mit dem Verlust bisheriger Aufgaben und Ziele ist der Sinn des eigenen Lebens abhanden gekommen, zumal wenn auch abgekühlte Beziehungen aufgegeben wurden oder verloren gingen. Der Rückblick auf das frühere Leben driftet dann leicht in Selbstmitleid und Selbstbeschuldigung oder Anklagen gegen andere ab. Depressivität oder gar »Lebensekel« (Erikson) machen sich breit. Dabei bleibt heute für viele Menschen nach der Ablösung ihrer Kinder und nach dem Ende ihrer Berufstätigkeit in ihrem Leben noch eine lange nachberufliche Phase. Denn die durchschnittliche Lebenserwartung in Westeuropa beträgt bei Frauen 82 und bei Männern 77 Jahre. Das bewirkt auch, dass Altern nicht mehr als unaufhaltsames, bald zu Ende gehendes Geschehen erlebt wird.

Der sogenannte Pensionierungstod ist in den letzten Jahrzehnten auffallend selten geworden. Liegt es daran, dass das Angebot von Unterhaltung (vor allem durch Fernsehen und Internet) riesig geworden ist und ohne große Mühe konsumiert werden kann, womit innere Leere scheinbar ausgefüllt wird? Das Nachlassen der eigenen körperlich-geistigen Kräfte lässt sich dadurch vielleicht leichter übersehen und überspielen. Technik und Kultur bieten den »jungen Alten« genug, um das tatsächliche Gewahrwerden des eigenen Begrenztseins und einer Sinnleere zu verhindern (»Anti-aging-Bewegung«, vgl. Rüegger 2007).

Die menschliche Erfahrung lehrt, dass es für Reifungsprozesse Krisen braucht. In einer Krise wird das bisherige Haltgebende zumindest in Teilen als brüchig erlebt. Angst und Lähmung breiten sich dann aus. Wenn sich die Erlebensweisen im Alter zunehmend einschränken, tauchen Ängste vor Invalidität, vor Verlust der Autonomie und vor Verfall auf. Verzicht ist angesagt. Aber Verzichten kann erst dann zum freiwilligen Nichtbegehren werden, wenn Gescheitertes und Versäumtes nicht mehr mit Selbstvorwürfen besetzt, sondern als schicksalhaft Gegebenes akzeptiert wird. Das geht oft nicht ohne Auflehnung, Kämpfen und Hadern, weil die notwendigen Korrekturen des Ich-Ideals schmerzlich sind. Loslassen des Brüchigen und Unmöglich-Gewordenen macht dann frei für einen Blick auf Neues, Tragfähigeres. So kann auch die Krise, die mit dem Bewusstwerden des Alterns und der eigenen Endlichkeit eintritt, dazu führen, eigenes Neues zu entdecken und auszuprobieren. Allerdings nimmt die adaptative Fähigkeit des Körpers mit zunehmendem Alter rasch ab und seine Restitution durch Hilfsmittel ist begrenzt und teuer. Weil der somatische Alterungsprozess meist früh und einschränkend erlebt wird, bieten sich neue Entdeckungen vor allem im geistigen Bereich an. In ihm bleiben die psychischen Anpassungsressourcen auch im Alter groß, sodass selbst im »vierten Lebensalter« Anforderungen und Verluste bewältigt und eine tragfähige Lebensperspektive wiederhergestellt werden kann (Kruse 2007). Bei vielen Menschen können kreative und spirituelle Ressourcen aus Kindheit und Jugend wieder belebt werden. Andere Menschen vermögen auch bisher ihnen unbekannte kreative und spirituelle Möglichkeiten zu erleben, wenn sie dazu angeregt werden und sich dafür öffnen. Neben einem Sich-Öffnen ist Voraussetzung für religiösen Glauben und spirituelle Erfahrungen das Akzeptieren der eigenen Unvollkommenheit und eine ausreichend entwickelte Beziehungsfähigkeit (Ruff 2005b). Damit wird auch möglich, sich mit Blick auf die eigene Lebensgeschichte in die Generationenfolge seiner Familie einzuordnen. Denn »Menschenleben ist nicht nur endlich, sondern auch geschichtlich, eben weil es ›zeitlich‹ ist« (Rosenmayr 2005, 34).

Inhalte von spirituellen Erfahrungen

Aus der Kultur stammen die Inhalte von Spiritualität. Sie werden durch Tradition vermittelt. Der kulturelle Wandel, der sich in Europa immer mehr zu beschleunigen scheint, verändert ihre Inhalte. Frühere Strategien der Problemlösung verlieren angesichts sich mehr und mehr wandelnder kultureller Gegebenheiten an Bedeutung. Wo beispielsweise Scheidungen möglich geworden sind, werden Ehezwistigkeiten anders angegangen als dort, wo Scheidungen ausgeschlossen sind. Damit werden die Alten als Traditionsvermittler mehr und mehr überflüssig (vgl. Erdheim 2005a). Auch der Sinn für die Verehrung der Toten, die im Ahnenkult als Mittler zum Schattenreich verstanden werden und für deren Seelenheil Christen beten[4], geht damit immer mehr verloren. So ist es nicht verwunderlich, dass zwar alle lang (»forever young«) leben wollen, aber dass keiner alt sein will. Denn Altsein bedeutet heute vielfach das »schreckliche Los« körperlicher Gebrechlichkeit und psychosozialer Isolierung bei Mangel an personellen und materiellen Hilfsmöglichkeiten.

Die »ars vivendi« zielte früher letztlich auf eine »ars moriendi« mit der auch von Martin Luther gestellten Frage: »Wie finde ich einen gnädigen Gott?« Die auf dem Evangelium und den Zehn Geboten gründende Lehre der Kirche wies ihren Gläubigen die Richtung auf dem Pilgerweg des Lebens. Dabei war der Blick über das irdische Leben hinaus stets auf ein himmlisches nach dem Tod gerichtet. Im Leben wurde kaum etwas anderes als Mühe, Schweiß und Schmerzen (Gen. 3,16–19) erwartet. Dafür wurde jedoch den Armen und Geschundenen (wie Lazarus, Lk. 16,20–25) im Jenseits Heil/Heilung mit Wohlbefinden und Trost verheißen. Auf diese Weise interpretierte die Religion Wohl und Wehe, Ängste und Hoffnungen von Menschen und vermittelte ihnen damit Verstehensmöglichkeiten für ihr Dasein und Erleben. Kult und Liturgie boten Hilfe zur Bewältigung von Grenzsituationen im Leben beispielsweise durch Übergangsriten zwischen den Lebensphasen.

Säkularisierungsprozesse mit ihren gesellschaftlich-politischen Veränderungen stellten diese religiösen Sinnfindungen immer mehr infrage. Nicht mehr Gott als Schöpfer und Erlöser des Menschen ist wesentlicher Sinn und

---

4 Der Ahnenkult beruht auf der Vorstellung, dass die Verstorbenen auch nach ihrem Tod noch am Leben ihrer Nachkommen teilhaben, aber günstig gestimmt werden müssen, weil sie neidisch sind, wenn die Lebenden ihr Leben genießen. Das *Christentum* nimmt dagegen eine in Christus bestehende Gemeinschaft der Lebenden und Verstorbenen an, in der sich beide bei Christus in Fürbitten füreinander einsetzen können.

letztes Ziel menschlichen Lebens. Aus der Hoffnung auf Auferstehung und ewiges Leben im Himmel wurde eine Hoffnung auf Unsterblichkeit auf Erden mittels wissenschaftlichen Fortschritts. Aber selbst dieser sowie die eigene Selbstverwirklichung oder der mögliche Gewinn der ganzen Welt scheinen als Wege zur Sinnfindung angesichts von Massenvernichtung, Terror und Vergreisungsnot zweifelhaft zu werden.

Was kann heute in der Spiritualität zum Inhalt werden, das Antworten auf die Frage nach dem Sinn des eigenen Lebens ermöglicht und Hilfe zum Bewältigen von Leid und Not bietet? Sinnfindung wird in unserer Kultur häufig mit Identitätsbildung auf der Grundlage von Individualität und Authentizität verbunden. Der Weg dorthin sei Selbsterkenntnis. Das Ziel in der Psychoanalyse ist es, sich selbst mehr zu erkennen und zu erfahren. Die Beschäftigung mit dem Vor- und Unbewussten soll zur Erweiterung des Bewusstseins und damit zu Einsicht in Fehlhaltungen und zur Heilung führen. Psychoanalyse nähert sich damit Spiritualität und mystischem Erleben an; diese werden in manchen Formen der Psychotherapie auch miteinander verbunden (vgl. Grom 2007).

Selbstzentrierte Spiritualität fordert keine oder nur wenig Anpassung an eine Gemeinschaft; sie vermeidet ein Reiben an Schwächen anderer oder eine Auseinandersetzung mit unterschiedlichen Zielvorstellungen. Oft wird der eigene Körper zum Medium, um mittels Stimulierung durch Drogen Harmonie, Entrückung und Bewusstseinserweiterung zu erreichen. Wenn soziale Aspekte aber ihre Bedeutung verlieren, kann Spiritualität zu einem Prozess der Individualisierung verkommen. Ein solcher Rückzug auf sich selbst ist kennzeichnend für Esoterik. Von ihr unterscheidet sich echte Spiritualität dadurch, dass sie den Menschen »gleichsam in die Zuwendung zum anderen« reißt (Waldenfels 2000, 45).

Der Begründer der Logotherapie Viktor E. Frankl beschrieb drei »Hauptstraßen«, auf denen sich Sinn finden lasse, im Dienst an einer Sache, in der Liebe zu einer Person oder im Annehmen des eigenen Schicksals (1976/2007, 47).

In östlichen Kulturen ist Quelle von Identität und Lebenssinn eher die Zugehörigkeit zu einer Gemeinschaft, in die sich der Einzelne (zumindest formal) bloß einzufügen hat, um in ihr sich sicher fühlen zu können. Das schließt Selbsterkenntnis nicht aus. Sie wird auch im Hinduismus bis zu einem Transzendieren des Bewusstseins angestrebt. Die Aufgabe des Menschen besteht aber zunächst in der Wissensaneignung und dann im Verdienen des Lebensunterhalts. In einer dritten Phase soll der Mensch religiöse Verdienste erwerben, um in der letzten Phase Befreiung von allem Verlangen zu erreichen (Yogeshwaranada Giri 2005).

Erlöschen des Erleidens und des Getriebenseins durch Leidenschaften (wie Gier und Hass) strebt auch der Buddhismus an. In der Meditation soll sich das »relative Selbst« schon im Diesseits in eine größere »transzendente« Wahrheit aufgeben. Ein derartiges »Entwerden« zielt in einer kosmischen Sicht durch Aufheben der Bewusstseinsschranken auf das Einssein mit dem Universum und letztlich auf Selbstauflösung. Auch der Sufismus fordert durch Verlassen des Verlassens und durch Loslassen des Loslassens radikal die Entselbstung (»fana«) des Menschen (vgl. Scharfetter 2005).

Davon zu unterschieden ist das Ziel jeder Mystik (auch unabhängig von einer bestimmten Religion). Es geht um die Öffnung des Inneren, der Geistseele, zum (göttlichen) Unendlichen hin mit dem Wunsch einer Vereinigung. Die »unio mystica« ist eine Grenzsituation des Erlebens jenseits von bisherigen Gefühlen und Gedanken; sie kann mit Visionen und Ekstasen verbunden sein. Mystische Erfahrungen sind individuell und eigentlich unsagbar, wie es Paulus in 2 Kor. 2,4 beschrieben hat. Sie lassen sich nur in Metaphern (z. B. »fließendes Licht«) ausdrücken und können zu Erkenntnissen führen, die zu einer auch Anderen mitteilbaren Weltsicht führen[5]. Von der Mystik zu unterscheiden ist ein ozeanisches Versinken mit eher wundersamen Begleiterscheinungen (Sudbrack 1998).

Ein anderes, der Mystik noch vorgängiges Ziel scheint schon schwer genug zu erreichen, nämlich das gelebte Leben mit seinen Höhen und Tiefen in seiner Ambivalenz anzunehmen. Das bedarf eines abwägenden Erinnerns und eines wohlwollenden Prüfens der eigenen Entscheidungen und der Entscheidungen anderer. Versöhnung mit der eigenen Vergangenheit ist nötig: mit unerfüllten Wünschen und Plänen, schuldhaft erlebten Entscheidungen und ungehörigen Verhaltensweisen. Auch die Distanzierung von ungeordneten Begierden, die sich mit zunehmendem Alter ohnehin mindern, unterstützt eine geistige Reifung der Person. Wenn uns nicht mehr Gier, Eifersucht, Geiz, Stolz usw. bestimmen, kann sich mehr Weisheit, Vertrauen, Milde, Dankbarkeit, Erbarmen usw. entwickeln. Wenn dies

---

5 Beispielsweise verstand Teilhard de Chardin Entwicklung als allgemeinen Aufstieg des Bewusstseins, als »globale und gerichtete Transformation des ganzen Lebens und Denkens«, die in einem Prozess der Verinnerlichung zu einer »planetarischen Hominisation«, zu einem universellen Einssein im transzendenten Brennpunkt Omega-Gott führen werde (Die lebendige Macht der Evolution. 1950/1967, 119ff.).

gelingt, ist beispielsweise ein Muslim nahe an seinem einzigen spirituellen Ziel, nämlich dass Gott ihn am Tag des Gerichts großzügig akzeptieren wird (Cunz 2005).

Den günstigen Augenblick (»kairos«) zu nutzen und das Hier und Jetzt in Verantwortung und Solidarität zu gestalten, beschreibt die hebräische Bibel als Ziel spirituellen Strebens (z.B. Koh. 3, 1–11). Eine auf den Nächsten ausgerichtete (intentionale) Spiritualität lehrt ähnlich auch das Christentum. Religiöse Erfahrungen band Jesus ausdrücklich an ein transzendierendes Miteinander: »Wo zwei oder drei in meinem Namen versammelt sind, da bin ich mitten unter ihnen« (Mt. 18,20). Indirekt kann auch eine individuell gelebte Spiritualität den Anderen im Blick haben, dann nämlich, wenn beispielsweise ein alter Mensch in Selbstverantwortung und Selbstbescheidung Belastungen für seine Umwelt zu minimieren versucht oder mit der Pflege seines Besitzes und mit dessen Vererbung eine Brücke zu seinen Nachkommen und in deren Zukunft schlägt (Höpflinger 2005).

Spirituelle Praktiken

Wie die Inhalte, so sind auch die Formen spirituellen oder religiösen Glaubens sehr unterschiedlich. In früheren Zeiten galten schon das Phantasieren und Träumen als Verbindungen zum Numinosen, zum »Heiligen« (Otto 1917). Damit eröffneten sich neue Dimensionen des Erlebens, die über das Alltägliche hinausgingen und durch archaische Ekstasetechniken (Eliade u. Köck 1957) gesteigert werden konnten. Mit einer Beziehung zum »Heiligen« verband sich vor allem die Hoffnung, Unheil und Unglück abzuwenden, was übersinnliche Mächte verursachen könnten oder schon bewirkt hatten. Magische Deutungsversuche sollen dem Menschen Gefühle von Angst und Hilflosigkeit nehmen, ihm aber auch Zweifel vertreiben. Er glaubt dann, dass übersinnliche Machte in bestimmten Menschen (z.B. Schamanen, Hexen) wirksam sind oder dass sie sich in Kräften des Mikro- oder Makrokosmos (z.B. in Astrologie) manifestieren. Diese Mächte versucht sich der Mensch dadurch günstig zu stimmen, dass er magische Praktiken in seiner Lebensweise anwendet (und sich beispielsweise nach seinem Horoskop richtet). Mittels Beschwörung hofft er, Teil an der Macht dieser Kräfte zu bekommen, die er dann in Bezug auf ihre (Un-)Heils-wirksamkeit glaubt so kontrollieren zu können, dass er selbst unsterblich wird. Derartige magische Vorstellungen und Praktiken werden heute als Ausdruck von Aberglauben verstanden[6]. Daran glauben immerhin zwei Drittel der Bundesbürger, wie eine Umfrage des Allensbacher Instituts im Jahre 2000 festgestellt hat. Auffallend ist, dass magisches Denken mehr mit Religiosität verbunden ist als mit »Glaubensferne« (Jugend 2006).

Und bietet nicht auch das Christentum magische Praktiken in seinen Ritualen (z. B. in den Sakramenten) und in Kultbildern? Tatsächlich vermischt sich der religiöse Glaube sowohl im Neuen Testament – beispielsweise in Heilungsgeschichten (Ruff 2005a) – als auch im heutigen kirchlichen Alltag – z B. in manchen Formen des Marienkults – unterschiedlich stark mit einem magischen Glauben. Religiöse Zeichen, Symbole oder Handlungen können Ausdruck einer inneren Überzeugung sein. Sie werden in unserer Gesellschaft allerdings zunehmend für profane Zwecke instrumentalisiert (z. B. das Kreuz als Schmuckstück). Beim Schrifttext ist die Gefahr der Verwechslung von Zeichen und Bezeichnetem eher gering, weil seine Worte Zeichen bleiben, die auf das Bezeichnete verweisen[7].

Problematisch wird magischer Glaube erst dann, wenn dadurch wichtige äußere und innere Situationen fehleingeschätzt werden. Ist daran eine Korrektur nicht mehr möglich, entwickelt sich ein *irrationaler* Glaube. Das ist beispielsweise der Fall, wenn aus Sehnsucht nach einer idealen Welt Glaubensinhalte überwiegend emotional vertreten und nicht mehr rational überprüft werden. Das liegt vor allem dann nahe, wenn beim Altern spirituelle Praktiken dazu dienen sollen, den biologischen Abbau- und Abnützungsprozess zu verleugnen. Die Angst vor dem unaufhaltsamen Altern wird überspielt durch eine Überbewertung des seelisch-geistigen Bereichs, wie es beispielsweise im Mystizismus der Fall ist. Cunz sieht davor den Islam gefeit, weil sich das Zeugnis vor Gott in der Tat ausdrücke, während gute Gefühle im Gebet nicht »Taktgeber für unser religiöses Verhalten« seien (2005, 147). Eine zunächst gesunde asketisch-tätige Einstellung kann jedoch zum asketischen Stolz werden, bei dessen Analyse man »regelmäßig auf die Vorstellung eines Selbstopfers zum Zwecke erneuter Teilhabe an der Allmacht« kommt (Fenichel 1945, 242).

---

6 Letztlich ist Aberglaube »dann der Glaube, der den eigenen Willen des Menschen in die Wirklichkeit hineinträgt und hineinliest, der die Wirklichkeit dem eigenen Wunsch des Menschen entsprechend deutet«, nach Gogarten F. (1928) Glaube und Wirklichkeit (69).

7 Im Neuen Testament heißt es deswegen: In Jesus ist »das *Wort* Fleisch geworden«, um zur »Gnade über Gnade« zu werden (Joh. 1, 14–17), den Glaubenden eingeschrieben »nicht auf Tafeln aus Stein, sondern – wie auf Tafeln – in Herzen von Fleisch« (2 Kor. 3, 3).

In der Spiritualität werden viele transzendenzfördernde Praktiken benutzt, die sich in Religionen bewährt haben. Allerdings ist mystisches Erleben weder planmäßig erzeugbar noch reproduzierbar. Techniken heutiger Meditation oder geistiger Versenkung (Kontemplation) enthalten oft Elemente des Yoga und der zenbuddhistischen Überlieferung (Bäurle 2005). Sie bestehen vor allem darin, dass sich der Meditierende von Alltag und Außenwelt abwendet, wie es die Wüsten-Eremiten schon im frühen Christentum taten. Wenn im alten Indien Menschen die vierte Phase ihres Lebens erreichten, konnten sie sich endgültig in die Einsamkeit zurückziehen, »um das göttliche Ziel oder die Gottverwirklichung zu erreichen« (Yogeshwaranada Giri 2005, 141). Konzentration auf sich selbst, um sich wahrzunehmen (z. B. Aufmerksamkeit auf das eigene Atmen), kann durch Zuhilfenahme eines Mandalas gefördert werden, das gerade für ältere Menschen als Zentrierungssymbol hilfreich ist (Riedel 2005). In der Meditation, die auch durch Musik, Gedichte usw. oder durch Begegnung mit der Natur unterstützt werden kann, »führt das Innewerden und Berührtwerden zur Entwicklung und Schulung des ›dritten Auges‹ für die Tiefe des Lebens« (Kramer 2005, 129).

Weil dies nur mit mühsamem Üben und viel Geduld zu erreichen ist, wird heute leicht in einer Art »Warenhausmentalität« (Erdheim 2005b, 109) das an Ritualen fremder Kulturen herausgegriffen, was brauchbar zu sein scheint. Ohne Rücksicht auf den kulturellen Zusammenhang wird dann Fernöstliches, Mystisches, Kabbalistisches, Alchemistisches zu einer Unmenge von »Spiritualitäts-Attrappen« zusammengemischt (Erdheim ebd. 113). Diese binden diffuse Heilsversprechen an Amulette, berauschende Düfte und Drogen, Meditationsmusik u.ä. Dabei ist die Gefahr groß, dass bloß ein emotionaler Kick gesucht und gefunden wird.

Auswirkungen spiritueller Erfahrungen

Wie kann sich die Spiritualität eines Menschen auf seine Befindlichkeit und seine Gesundheit auswirken? Das Beispiel von Dora Maar zeigt, dass Religiosität ihr half, ihre Einsamkeit in den letzten Lebensjahren nicht nur zu ertragen. Indem sie sich auf Gott bezog, regte das ihre Phantasie und Kreativität an, vermittelte ihr dies Licht, Halt und Hoffnung. Doch dürfen wir einen derartigen Einzelfall verallgemeinern? Vor allem im angelsächsischen Raum wurden empirische Untersuchungen über Auswirkungen von Spiritualität/Religiosität auf das Erleben und Verhalten von Menschen gemacht (Übersicht bei Albani et al. 2004).

Im Sammelband »Faith and Health« (Plante u. Sherman 2001) versucht man eine Bilanz aus der bisherigen Forschung zu ziehen. Zwar scheint ein Zusammenhang zwischen Spiritualität/Religiosität und Wohlbefinden nicht zweifelhaft, aber es fehlt an kontrollierten Interventionsstudien darüber, welche spirituellen Faktoren auf welche Weise bestimmte Gesundheitsparameter beeinflussen. Eine Metaanalyse von Untersuchungen mit über hunderttausend Personen konnte zeigen, dass Lebenszufriedenheit und Lebenserwartung bei Gläubigen mit einer gemeindebezogenen Religiosität wesentlich höher sind als bei denen mit einer rein privaten Religiosität. Viele Studien sprechen auch für eine unterstützende Wirkung von Religiosität und Spiritualität bei der Bewältigung von Belastungen (wie Krankheiten, Behinderungen, Partnerverlust). Schon 1997 hatten Kendler et al. anhand einer Zwillings-Längsschnittuntersuchung den protektiven Einfluss einer »personal devotion« auf psychische Erkrankungen zeigen können.

Auch das »Handbook of Religion and Health« (Koenig et al. 2001), in dem mehr als 1200 Studien ausgewertet wurden, weist sowohl methodische Mängel als auch Schwierigkeiten in der Interpretation vieler Untersuchungen auf. Darüber hinaus wird in diesem Handbuch gefragt, wann sich Religiosität und Spiritualität gesundheitsschädigend auswirken können. Eine solche Wirkung sei zumindest bei bestimmten religiösen Gruppen zu konstatieren, wenn sie notwendigen Krankenbehandlungen mit Misstrauen begegnen, durch rigide Normen die Reifung ihrer Gläubigen behindern und diese durch Erzeugung massiver Schuldgefühle belasten. Wurde bei Untersuchungen eine hohe »extrinsische Religiosität« (Fuchs 2000) festgestellt, bei der vor allem die Befolgung von Normenkodices im Vordergrund steht und bei der die Angst vor einem strafenden Gott einen hohen Stellenwert hat, sind die Werte in den Depressionsskalen dieser Menschen kurz vor ihrem Tode auffallend hoch. Dagegen zeigten Sterbende, wenn sie religiöse Akte um ihrer selbst willen ausübten (»intrinsische Religiosität«), Vertrauen in eine göttliche Instanz mit wenig Strafängsten und geringen Depressionswerten (Kruse 1995, Nelson et al. 2002 zit. n. Kruse 2005, 55f).

Empirische Untersuchungen (im Allgemeinen mittels quantitativer Methodik) haben bisher nur die Auswirkungen von Spiritualität/Religiosität auf das Subjekt im Blick. Abgesehen davon, dass Längsschnittuntersuchungen und auf einer qualitativen Methodik beruhende Studien fehlen (Albani et al.

2004, 49), zielen auch sonstige Veröffentlichungen über Spiritualität im Alter vor allem auf deren Nutzen für den Einzelnen: Entwicklungsprozesse werden angestoßen, das eigene Bewusstsein wird entfaltet und erweitert, Belastungen werden leichter verarbeitet, der Druck von Trieben und Begierden wird gemindert, Gebote und Verbote werden relativiert, ein positives Selbstbild wird gestärkt, materielle und körperliche Bedürfnisse treten in den Hintergrund, Kreativität wird gefördert, Defizite werden leichter kompensiert. Eher sekundär werden daraus auch Auswirkungen auf die Umgebung abgeleitet: Ich-Relativierung mit Wachstum von Toleranz, Güte und Gelassenheit und generative Mitverantwortung. Studien darüber, wie sich die spirituelle/religiöse Grundhaltung eines Menschen in seinem Verhalten auf andere Menschen auswirkt, liegen nicht vor.

Literatur

Albani C, Gunzelmann T, Bailer H, Grulke N, Geyer M, Brähler E (2004) Religiosität und Spiritualität im Alter. Z Gerontol Geriat 37: 43–50.

Albani C, Gunzelmann T, Bailer H, Geyer M, Grulke N, Brähler E (2005) Religiosität und transpersonales Vertrauen als Ressource im Alter. In: Bäurle P, Förstl H, Hell D, Radebold H, Riedel I, Studer K (Hg) Spiritualität und Kreativität in der Psychotherapie mit älteren Menschen. Bern, Göttingen (Huber) 274–284.

Bäurle P (2005) Erfahrungen mit einer stationären Meditationsgruppe. In: Bäurle P et al. (Hg) Spiritualität und Kreativität in der Psychotherapie mit älteren Menschen. Bern, Göttingen (Huber) 114–125.

Cunz P (2005) Was sind die spirituellen Ziele im Alter aus Sicht des Islam, und wie können sie erreicht werden? In: Bäurle P et al. (Hg) Spiritualität und Kreativität in der Psychotherapie mit älteren Menschen. Bern, Göttingen (Huber) 143–148.

Eliade M, Köck I (1957) Schamanismus und archaische Ekstasetechnik. Zürich (Rascher).

Erdheim M (2005a) Altern als psycho-kultureller Prozess. In: Bäurle P et al. (Hg) Spiritualität und Kreativität in der Psychotherapie mit älteren Menschen. Bern, Göttingen (Huber) 77–82.

Erdheim M (2005b) Spiritualität und Zeitgeist. In: Bäurle P et al. (Hg) Spiritualität und Kreativität in der Psychotherapie mit älteren Menschen. Bern, Göttingen (Huber) 103–113.

Fenichel O (1945) Psychoanalytische Neurosenlehre, Bd. 2. Olten 1975.

Frankl VE (1968) Der Mensch auf der Suche nach Sinn. In: Frankl VE (2007) Der Mensch vor der Frage nach dem Sinn. München (Piper) 100–102.

Frankl VE (1976) Das Leiden am sinnlosen Leben. In: Frankl VE (2007) Der Mensch vor der Frage nach dem Sinn. München (Piper) 44–49.

Fuchs B (2000) Religiosität und psychische Gesundheit im Alter. In: Bäurle P, Radebold H, Hirsch RD, Studer K, Schmid-Furstoss U, Struwe B (Hg) Klinische Psychotherapie mit älteren Menschen. Grundlagen und Praxis. Bern, Göttingen (Huber) 235–243.

Grom B (2007) Spirituelle Psychotherapien? StimmZeit 225: 532–542.

Höpflinger F (2005) Gerotranszendenz und Generativität im höheren Lebensalter – neue Konzepte für alte Fragen. In: Bäurle P et al. (Hg) Spiritualität und Kreativität in der Psychotherapie mit älteren Menschen. Bern, Göttingen (Huber) 156–161.

Jugend 2006. 15. Shell-Jugendstudie. Eine pragmatische Generation unter Druck. Frankfurt (Fischer) 2006.

Kendler KS, CO Gardner, CA Prescott (1997) Religion, Psychopathology and Substances Use and Abuse: A Multimeasure, Genetic-Epidemiologic Study. Am J Psychiatry 154: 322–329.

Koenig HG, McCullough ME, Larson DB (Ed) (2001) Handbook of religion and health. New York (Oxford University Press).

Kramer W (2005) Was sind die spirituellen Ziele im Alter aus Sicht des Christentums, und wie können sie erreicht werden? In: Bäurle P et al. (Hg) Spiritualität und Kreativität in der Psychotherapie mit älteren Menschen. Bern, Göttingen (Huber) 126–148.

Kruse A (2005) Zur Religiosität und Spiritualität im Alter. In: Bäurle P et al. (Hg) Spiritualität und Kreativität in der Psychotherapie mit älteren Menschen. Bern, Göttingen (Huber) 49–63.

Kruse A (2007) Chancen und Grenzen der Selbstverantwortung im Alter. Wege zum Menschen 59: 421–446.

Otto R (1917) Das Heilige. Über das Irrationale in der Idee des Göttlichen und sein Verhältnis zum Rationalen. Gotha (Leopold Klotz).

Peck R (1977) Psychologische Entwicklung in der zweiten Lebenshälfte. In: Thomae H, Lehr U (Hg) Altern – Probleme und Tatsachen. Wiesbaden (Akad. Verlagsges.) 530–544.

Plante G, Sherman AC (Ed) (2001) Faith and Health – Psychological perspectives. New York (The Guilford Press).

Renz M (2005) Spiritualität, Grenzerfahrung und das Medium Musik. In: Bäurle P et al. (Hg) Spiritualität und Kreativität in der Psychotherapie mit älteren Menschen. Bern, Göttingen (Huber) 234–248.

Riedel I (2005) Kreativität und Spiritualität im Alter. In: Bäurle P et al. (Hg) Spiritualität und Kreativität in der Psychotherapie mit älteren Menschen. Bern/Göttingen (Huber) 198–233.

Rosenmayr L (2005) Zwischen Entropie und Kreativität – Bausteine zu einer Theorie des menschlichen Alterns. In: Bäurle P et al. (Hg) Spiritualität und Kreativität in der Psychotherapie mit älteren Menschen. Bern, Göttingen (Huber) 27–48.

Rüegger H (2007) Langlebigkeit, Anti-Aging und die Lebenskunst des Alterns. Von der Ablehnung des Alterns zu einer Kultur des Pro-Aging. Wege zum Menschen 59: 474–488.

Ruff W (2002) Glauben und zweifeln. Ein Deutungsversuch ihrer Möglichkeitsbedingungen. In: Ruff W (Hg) Religiöses Erleben verstehen. Göttingen (Vandenhoeck & Ruprecht) 161–183.

Ruff W (2005a) Glauben und seine Heilkraft. Wege zum Menschen 57: 43–54.

Ruff W (2005b) Entwicklung religiöser Glaubensfähigkeit. Forum Psychoanal 21: 293–306.

Scharfetter C (2005) Altern – Metabasis – Katabasis. In: Bäurle P et al. (Hg) Spiritualität und Kreativität in der Psychotherapie mit älteren Menschen. Bern, Göttingen (Huber) 83–88.

Schreiter Gasser U, Haske Pelsoeczy HE (2005) Spiritualität und Religiosität als therapeutische Ressource in der Alterspsychiatrie. In: Bäurle P et al. (Hg) Spiritualität und Kreativität in der Psychotherapie mit älteren Menschen. Bern, Göttingen (Huber) 285–301.

Sudbrack J (1998) Religiöse Erfahrung und menschliche Psyche. Mainz (Matthias-Grünewald).

Vorgrimler H (2000) »Religion«. In: Vorgrimler H (Hg) Neues Theologisches Wörterbuch. Freiburg (Herder) 532–534.

Übersicht

Waldenfels H (2000) »Mit zwei Flügeln«. Paderborn.
Yogeshwaranada Giri (2005) Was sind die spirituellen Ziele im Alter aus Sicht des Hinduismus, und wie können sie erreicht werden? In: Bäurle P et al. (Hg) Spiritualität und Kreativität in der Psychotherapie mit älteren Menschen. Bern, Göttingen (Huber) 136–142.

Korrespondenzadresse:
Dr. Dr. med. Wilfried Ruff
Zum Billing 5
57319 Bad Berleburg
E-Mail: *wruff@online.de*

Stufen jüdischer Spiritualität

Yizhak Ahren (Köln)

Zusammenfassung

Ein Kennzeichen jüdischer Spiritualität ist die Verschränkung von Gottesdienst und Sorge für das Wohlergehen anderer Menschen. Religionsunterricht ist wichtig, um die Kontinuität der Überlieferung zu sichern. Tora-Lernen wird als eine lebenslange Aufgabe angesehen. Eine Stufenlehre benennt Möglichkeiten des Fortschritts beim angesagten Streben nach Heiligkeit. Die Jahre des Alters bieten die Möglichkeit, Versäumtes nachzuholen, Weisheit zu mehren und weiterzugeben.

Stichworte: jüdische Spiritualität, Erziehung und Selbstarbeit, Stufenlehre, Chancen des Alters

Abstract: Stages in Jewish Spirituality

Balancing of worldliness and service of God is a distinguishing mark of Jewish spirituality. Religious education is necessary to guarantee traditional forms of life. Learning Tora is regarded as a life-long duty. Rabbinical literature explicates stages in the progress of spiritual life. Old age presents an opportunity to make up for neglected matters, to grow in wisdom and to serve as a teacher and an adviser.

Key words: Jewish spirituality, religious education and moral self-training, gradation, opportunities of old age

Was kennzeichnet jüdische Spiritualität?

Das Judentum erweist sich bei näherer Betrachtung als ein System von Glaubensinhalten und Riten. Dieses System durchdringt alle Bereiche des menschlichen Lebens. Das Erfüllen der im Pentateuch (hebr.: Tora) stehenden Gesetze (hebr.: Mitzwot) – nach rabbinischer Zählung sind es genau

248 Gebote und 365 Verbote – wird als Gehorsam gegenüber dem Willen Gottes gesehen (Hirsch 1992). Ohne die Mitzwot, die das Religionsgesetz vorschreibt, bleiben jüdische Lebensformen unverständlich.

Es ist eine unbestreitbare Tatsache, dass in unserer Zeit zahlreiche jüdische Frauen und Männer nur noch Bruchstücke der Religion ihrer Vorfahren kennen und ihre Befolgung (Observanz) dementsprechend sehr selektiv ist. Vielmehr kann man in der Gegenwart mehrere Typen jüdischer Identität voneinander abheben: Orthodoxie, Assimilation, Liberalismus, Säkularismus. Trotz der klaren Gegensätze, die hier nicht ausführlicher darzustellen sind, lassen sich doch gemeinsame Züge finden, die eng mit dem Sinn des Judentums verknüpft sind.

Stichwortartig lassen sich diese Punkte wie folgt umschreiben: Es handelt sich um den Versuch, Gerechtigkeit in unserer Welt zu verwirklichen. Praktisch bedeutet das, dass man an die Möglichkeit einer Verbesserung der gegebenen Verhältnisse glaubt und dass man sich für die Schwachen und für die Verfolgten einsetzt. Der Messianismus spielt eine wichtige Rolle und ebenfalls der Kampf gegen Formen des Götzendienstes (Ahren 1996, Levinas 2005). Diese gemeinsame *Basis* ermöglicht es, doch von spezifisch jüdischen Lebensformen zu sprechen.

Da ihre Religion Juden auffordert, im Rahmen ihrer Möglichkeiten unablässig an einer Verbesserung der Welt mitzuwirken, darf man jüdische Spiritualität nicht mit einer Abkehr von materiellen und weltlichen Dingen gleichsetzen. Gerade die Ergänzung von Gottesliebe und Sorge sowohl für Mitmenschen als auch für die Schöpfung kennzeichnet Spiritualität im Judentum (Green 1987, 906). Rabbiner Hirsch (1992, § 616) spricht davon, das ganze Leben solle Gottesdienst sein; der regelmäßige Gottesdienst im Bethaus (Synagoge) sei nur eine Vorbereitung zum tätigen Lebensgottesdienst.

Religionsunterricht

Als das »Volk der Überlieferung« hat Simon (1980, 75) das jüdische Volk bezeichnet. Es versteht sich, dass die Überlieferung von Glaubensinhalten und Riten ein überaus komplexer Vorgang ist. Jude ist man von Geburt an; die Tatsache, dass das neugeborene Kind eine jüdische Mutter hat, reicht aus. Aber ohne eine gründliche Unterweisung ist es unmöglich, ein jüdisches Leben zu führen. Die besondere Lebensform, die man als jüdisch zu bezeichnen pflegt, muss Schritt für Schritt erlernt werden. Die Weitergabe der Tradition wird im Judentum nicht dem Zufall überlassen. Im Leben bewusster Juden spielt regelmäßiges Tora-Lernen eine äußerst wichtige Rolle.

Es ist ein biblisches Gebot, Tora zu lernen und zu lehren: »Und Du sollst sie einschärfen deinen Kindern und davon reden, wenn du sitzest in deinem Hause und wenn du gehest auf dem Wege und du dich niederlegst und wenn du aufstehst« (Deuteronomium 6,7). Die rabbinische Interpretation, die Raschi (Pentateuch 1905) in seinem klassischen Kommentar zur Tora anführt, besagt, dass Schüler in der Bibel Kinder genannt werden und dass man den Vater als Lehrer bezeichnet. Den zitierten Vers, aus dem die Pflicht zur Tora-Unterweisung abgeleitet wurde, sprechen Juden tagtäglich morgens und abends im Gebet. Deutlicher kann man die Lehrpflicht wohl kaum unterstreichen.

Übrigens betrifft der Religionsunterricht nicht nur Kinder, jeder erwachsene Mensch kann (und soll) noch dazulernen, sogar im Greisenalter. Im Talmud, dem Hauptwerk des rabbinischen Judentums, heißt es: »Schaffe Dir einen Lehrer« (Sprüche der Väter 1,8 und 1,16). Da das Verhältnis zwischen Lehrer und Schüler für die Weitergabe der Tradition von so großer Bedeutung ist, überrascht es nicht, dass von dieser Beziehung in der talmudischen Literatur an vielen Stellen die Rede ist (Ahren 2006). Die Beziehung zwischen Lehrer und Schüler lässt sich mit der zwischen Vater und Sohn vergleichen: Liebe und Respekt kennzeichnet dieses Verhältnis. So wie Kinder viele Dinge durch Beobachtung und Nachahmung ihrer Eltern erlernen, so soll auch der Umgang mit seinem Lehrer dem Schüler einen Fortschritt in allen Bereichen ermöglichen.

Zusammenwirken der Generationen

Die Tora erweist dem Hochbetagten eine ganz außerordentliche Wertschätzung: »Vor dem grauen Haupte stehe auf und ehre den Greis« (Leviticus 19, 32). Im Kommentar von Rabbiner J. H. Hertz heißt es: »Die Rabbinen erweiterten die Bedeutung des Wortes Greis und wandten es auf jeden an, der Weisheit erworben hatte. Auch dort, wo keine Bücherweisheit vorhanden ist, kann man durch Erfahrung gereifte Weisheit finden« (siehe auch Hirsch 1992, Kap. 74). Im Abschiedsgesang von Moses findet sich die Ermahnung: »Frage Deinen Vater, dass er dir künde, deine Alten, dass sie dir ansagen« (Deuteronomium 32,7). Die Hochwertung des Alters im Judentum ist offensichtlich mit einer großen Schätzung seiner Einsicht und seines Rates verbunden (Simon 1925; Lipschitz 1991). Ohne eine innige Verflechtung der Generationen bleibt die Kontinuität der Überlieferung stets gefährdet.

Der Fortbestand des Judentums wird dadurch gesichert, dass aus dem Schüler im Laufe der Zeit ein Lehrer wird. Der natürliche Gang der Dinge bringt es mit sich, dass aus Schulkindern Erwachsene werden, die ihrerseits den Nachkommen Tora beibringen müssen. Tora, die jemand gelernt hat, sollte er unbedingt weitergeben. Wir kennen Tora-Bücher, die ohne Zusammenarbeit von Lehrer und Schüler nicht im Druck erschienen wären. Im einfachsten Fall veröffentlichen die Schüler ihre Aufzeichnungen von Lehrvorträgen der Meister.

Stufen der Weiterentwicklung

Wie bereits erwähnt, ist jüdisches Lernen ein lebenslanger Prozess. Auch Lehrkräfte und Menschen im hohen Alter haben die Aufgabe, regelmäßig Tora zu studieren und sich weiterzuentwickeln. Die frühe Erziehung durch Eltern und Lehrer soll in eine lebenslängliche »Selbstbearbeitung« übergehen, die von der Tora als Streben nach Heiligkeit umschrieben wird (Hirsch 1992, Kap. 14). In zahlreichen Abhandlungen über jüdische Spiritualität wird eine Stufenlehre expliziert. So hat Wolbe (1993) gezeigt, dass man verschiedene Mitzwot auf einem unterschiedlichen Niveau erfüllen kann. Von einigen Beispielen beschreibt er die unterste sowie die höchste Stufe (siehe auch Green 1987, 905, Ahren 2006, 48).

Es gibt nicht nur verschiedene Stufen eines Gegenstandes wie z. B. Gottesfurcht, sondern auch Stufenleitern, die Schritte beim Streben nach Heiligkeit von einer spirituellen Ebene in die nächste benennen. Die klassische Stufenleiter, die im Talmud steht, braucht hier nicht dargestellt zu werden (siehe Hirsch 1992, § 112). Um die im Talmud aufgezählten Stufen zu explizieren, hat Rabbiner Mosche Chajim Luzzatto im Jahre 1740 ein Buch mit dem Titel »Der Weg der Geraden« veröffentlicht, der ein Bestseller geworden ist (mit mehr als 150 Auflagen).

Dass ein Weiterkommen in der Selbstarbeit ohne Selbstbesinnung und ohne Selbsterkenntnis nicht möglich ist, versteht sich von selbst. Die Mitzwot, die jüdische Frauen und Männer tagtäglich zu erfüllen verpflichtet sind, helfen ihnen, Schritte auf dem beschwerlichen Weg der Selbstvervollkommnung zu gehen, und zwar sowohl in der Jugend als auch im Alter.

Chancen des Alters

Ein amerikanisch-jüdischer Religionsphilosoph hat darauf hingewiesen, »dass die menschliche Fähigkeit zu Wandel und Wachstum viel größer ist, als wir willens sind zuzugeben, und dass hohes Alter nicht als Stillstand, sondern als eine Zeit der Gelegenheit zum inneren Wachsen angesehen werden muss. Man darf den alten Menschen nicht als Kranken behandeln, noch soll er selbst seinen Ruhestand als einen dauernden Verzicht ansehen. Die Jahre des Alters können uns ermöglichen, die hohen Werte zu erlangen, für die wir bis dahin kein Gefühl hatten, die Einsichten zu gewinnen, die wir versäumt haben, und die Weisheit, die wir nicht erkannt haben. Sie sind in der Tat Bildungsjahre, reich an Möglichkeiten, die Dummheiten eines ganzen Lebens zu verlernen, eingewurzelte Selbsttäuschungen zu durchschauen, Verstehen und Mitleid zu vertiefen und das Gefühl für Aufrichtigkeit und Fairness zu schärfen« (Heschel 1985, S. 66).

In einer empirischen Untersuchung hat Starr Sered (1992, 27 u. 112) von alten Frauen in Jerusalem berichtet, die ihr religiöses Leben im Alter vertieft und ausgebaut haben. So sind zum Beispiel einige Damen erst im fortgeschrittenen Alter dazu gekommen, regelmäßig in die Synagoge zu gehen. Auch haben diese von Starr Sered befragten Frauen in späteren Jahren bestimmte Mitzwot sorgfältiger als in ihren besten Jahren praktiziert (94 u. 107).

Fallvignette

Dr. Alexander Aronowitsch, 74 Jahre alt und seit geraumer Zeit nicht mehr berufstätig, ist in einer religiösen Familie aufgewachsen, die ihr Judentum im kommunistischen Staat nur heimlich praktizieren durfte. Er hat in Moskau Jura studiert und dort jahrzehntelang als Rechtsanwalt gearbeitet. Als er und seine Ehefrau vor 10 Jahren nach Deutschland ausgewandert sind, war es für beide selbstverständlich, sich sofort bei der jüdischen Gemeinde des neuen Wohnorts anzumelden.

Dr. Aronowitschs Bereitschaft, in den Gremien seiner Gemeinde ehrenamtlich mitzuarbeiten, führte schon bald dazu, dass er für eine Amtsperiode in den Vorstand gewählt wurde. Im religiösen Bereich (Teilnahme an Gottesdiensten sowie an Tora-Auslegungen) war und ist er sehr aktiv. Wiederholt hat er seiner Freude Ausdruck gegeben, regelmäßig an einem Talmud-Kurs teilnehmen zu können, was ihm in seiner Jugend leider nicht möglich war.

Um Glaubensgenossen, die die deutsche Sprache (noch) nicht beherrschen, einen Zugang zu jüdischen Glaubensinhalten zu eröffnen, hat Dr. Aronowitsch zahlreiche religiöse Artikel und sogar mehrere Werke mit Tora-Gedanken ins Russische übersetzt. Der rüstige Rentner wirkt durch diese Buch-Publikationen sowie durch regelmäßige Veröffentlichungen im Internet weit über die Grenzen der Gemeinde hinaus, deren Mitglied er heute ist. Sein Einsatz für die jüdische Tradition wird durch positive Rückmeldungen aus aller Welt honoriert.

Literatur

Ahren Y (1996) Typen jüdischer Identität in der Gegenwart. In: Marquardt M (Hg) Jüdisches und Christliches Selbstverständnis aus heutiger Sicht. Köln (Sonderdruck der Melanchthon Akademie) 3–26.

Ahren Y (2006) Gelebtes Judentum. Köln (Selbstverlag).

Der Pentateuch. Nebst dem Raschi-Commentare (1905). 2. verbesserte Ausgabe, Budapest (Verlag Jos. Schlesinger).

Green A (1987) Spirituality. In: Cohen AA, Mendes-Flohr P (Eds) Contemporary Jewish religious thoughts. New York (Charles Scribner's Sons) 903–907.

Heschel AJ (1985) Die ungesicherte Freiheit. Neukirchen Vluyn (Neukirchener Verlag).

Hirsch SR (1992) Chorew. Versuch über Jisraels Pflichten in der Zerstreuung. Zürich, Basel (Morascha).

Levinas E (2005) Anspruchsvolles Judentum. Frankfurt (Neue Kritik).

Lipschitz CG (1991) Eine herrliche Krone ist ein graues Haupt. In: Neumann M (Hg) Max Willner. Darmstadt.

Simon E (1925) Zur Wertung des Alters im Judentum. In: Kaplan AE, Landau M (Hg) Vom Sinn des Judentums. Frankfurt (Hermon).

Simon E (1980) Entscheidung zum Judentum. Frankfurt (Suhrkamp)

Starr Sered S (1992) Women as ritual experts. New York Oxford (Oxford University Press).

Wolbe S (1983) Wegweiser zur Thora. Zürich (Moreschet Awoth).

Korrespondenzadresse:
Professor Dr. phil. Dipl. Psych. Yizhak Ahren
Berrenrather Str. 383
50937 Köln
E-Mail: *Yizhak.Ahren@uni-koeln.de*

Das Alter christlich leben

Alphons Höfer (Köln)

Ich vergesse, was hinter mir liegt,
und streck mich nach dem aus,
was vor mir ist.
Philipperbrief

Zusammenfassung

In unserer Leistungsgesellschaft fühlen alte Menschen sich oft überflüssig und als Last für ihre Familie. Eine Sinnkrise ist oft die Folge. Alte Menschen brauchen einen Halt, der ihnen den Zugang zu einem gesunden Selbstwertgefühl gibt, das in der Würde des Menschen seinen Grund haben muss. Dabei kann der Rückblick auf das eigene Leben eine große Hilfe sein. Er kann dazu dienen, das Schöne und Wertvolle neu in den Blick zu nehmen und sich mit dem eigenen Versagen auszusöhnen. Auch der Zweifel hat eine positive Funktion.

Stichworte: Leistungsgesellschaft, Sinnkrise, Aussöhnung, Zweifel

Abstract: Elderly people living a Christian life

In our competitive society elderly people often feel superfluous and as a burden on their families. An identity crisis is often the result. Elderly people need support which enables them to have a healthy sense of self-esteem based on their human dignity. Looking back on their lives can be very helpful. It can trigger a new view on beautiful and precious things and help reconcile with their failures. Doubt even plays a positive role.

Key words: competitive society, identity crisis, reconciliation, doubt

Die Weisheit des Alters

Unter einem doppelten gesellschaftlichen Aspekt nehmen wir zunächst das Alter in den Blick. Die Alten sind ein wachsender Kostenfaktor und zugleich ein wichtiger Absatzmarkt. Immer weniger junge Menschen müssen immer mehr alte ernähren. Rechnet man die Arzt- und Pflegekosten dazu, dann mag sich mancher der alten Menschen mehr oder weniger nur noch als Last für die Jüngeren erfahren. Der alte Mensch leistet nichts mehr, er kostet nur noch. Immerhin ist er jedoch für den Markt ein interessanter Konsumfaktor. Wenn inzwischen in der Werbung die glücklichen Pensionäre erscheinen, ist das keine Aufwertung des Alters, sondern die Entdeckung neuer Gewinnchancen. Der glückliche Konsument im Alter steigert den Umsatz.

Es stimmt, was Norberto Bobbio (2004) schreibt: »In der Gesellschaft, in der alles sich kaufen und verkaufen lässt, wo alles einen Preis hat, kann auch das Alter zu einer Ware wie jede andere werden. Wer sich nur einmal umschaut, das eigene Blickfeld ausdehnt bis in die Altersheime und Krankenhäuser oder bis in die kleinen Wohnungen der armen Leute, die einen alten Menschen zu Hause sitzen haben, der ständig überwacht und gepflegt werden muss, weil er keinen Moment lang allein gelassen werden darf, wird sofort erkennen, wie verlogen diese keineswegs uneigennützige, sondern aus Eigennutz schmeichelhafte Darstellung des Mottos ›Das Alter genießen‹ ist. Ein banaler Slogan, passend zur Gesellschaft der totalen Vermarktung, der an die Stelle des Lobliedes auf den ehrbaren und weisen Alten getreten ist.«

Das technische Wissen und die körperliche Leistungsfähigkeit stehen im Vordergrund. Wertvorstellungen haben sich spürbar verschoben. Leistung zählt. Menschliche Qualitäten sind vor allem gefragt, wenn sie zur Steigerung des Gewinns beitragen. Es ist nicht einfach für alte Menschen, sich gegen diese Bewertungsmassstäbe zu behaupten und die Selbstachtung nicht an der nachlassenden Leistungsfähigkeit zu messen. Es bleibt nicht aus, dass dieser Wertewandel sich auch auf das Selbstwertgefühl der Menschen auswirkt. Im Gespräch mit alten Menschen kann man das immer wieder hören: »Wer braucht mich noch? Ich falle ja nur noch anderen zur Last.«

Sinnkrisen im Alter sind oft begründet im Mangel an Selbstwertbewusstsein. Wer ein ganzes Leben lang nur für den Erfolg und Erwerb an Ansehen gearbeitet hat, der wird im Alter schmerzlich spüren, dass das alles nicht reicht. Sinnkrisen sind jedoch nicht nur negativ zu beurteilen. Sie stellen vielmehr eine große Chance dar. Es gilt jetzt, sich neu auf das zu besinnen, was wirklich Bedeutung hat, wie Hermann Hesse schreibt: »Das Altwerden ist ja nicht bloß ein Abbauen und Hinwelken, es hat, wie jede Lebensstufe, seine eigenen Werte, seinen eigenen Zauber, seine eigene Weisheit, seine eigene Trauer, und in Zeiten einer einigermaßen blühenden Kultur hat man mit Recht dem Alter eine gewisse Ehrfurcht erwiesen, welche heute von der Jugend in Anspruch genommen wird. Wir wollen das der Jugend nicht weiter übelnehmen. Aber wir wollen uns doch nicht aufschwatzen lassen, das Alter sei nichts wert.« (54) Es gibt den weisen alten Menschen. In der Antike waren bekanntlich die Alten hoch angesehen. Der »senex« war gefragt wegen seiner Lebenserfahrung; im »Senat« waren die Männer versammelt, deren Weisheit dem Gemeinwohl diente. Es gilt heute, diese Weisheit neu zu entdecken und für die allgemeine Sinnsuche fruchtbar zu machen.

Eine mittlerweile über neunzig Jahre alte Dame, die ich regelmäßig besuche, erzählt mir begeistert davon, wie vielen Menschen sie als Ärztin in ihrem Leben hat helfen können. Nach dem Zweiten Weltkrieg gab es noch keine umfassende Krankenversicherung wie heute. Viele Patienten hatten nicht das Geld, sich behandeln zu lassen. Dennoch hatte sie keinen abgewiesen und nicht nach dem Honorar gefragt. In der Rückschau strahlt sie heute noch vor Glück, in dieser Zeit gelebt zu haben. Nicht das Geld, sondern die persönliche Hilfe hat ihrem Leben einen Sinn gegeben, von dem sie heute noch lebt. Wenn junge Menschen sich heute an der Erfahrung eines solchen Lebens orientieren würden, könnten sie sich viele neue Quellen für den Sinn des Lebens erschließen.

Für den gläubigen Christen steht die Würde und Einzigartigkeit jeder menschlichen Person im Mittelpunkt der Selbstbeurteilung. Der Mensch darf niemals nur als Mittel zum Zweck benutzt werden. »Ich habe dich bei deinem Namen gerufen, du gehörst mir«, lesen wir beim Propheten Jesaja (Jes 43,1). Jesus erinnert seine Jünger daran, dass Gott wie ein Vater für jeden einzelnen sorgt (Mt 6,25–33). Hier entscheidet sich eine grundsätzliche Frage nach dem Sinn des Lebens. Wenn ich dem Wort der Offenbarung traue, dass ich einen einzigartigen Wert habe, weil ich von Gott gewollt bin, dann habe ich eine Quelle der Zuversicht in mir, aus der ich auch in dunklen Stunden schöpfen kann.

Alfred Delp SJ schrieb an seinen Neffen Alfred-Sebastian. Delp ist wegen seiner Beteiligung am Attentat auf Hitler in Plötzensee gefangen und zum Tode verurteilt worden. Trotz seines unmittelbar bevorstehenden Todes kann er dem kleinen Kind, das er taufen sollte, schreiben: »Lieber Alfred-Sebastian, es ist viel, was ein Mensch in seinem Leben leisten muss. Fleisch und Blut allein schaffen es nicht. Wenn ich jetzt in München wäre, würde ich Dich in diesen Tagen taufen, das heißt: ich würde Dich teilhaft machen der göttlichen Würde, zu der wir berufen sind. Die Liebe Gottes, einmal in uns, adelt und wandelt uns. Wir sind von da an mehr als Menschen, die Kraft Gottes steht uns zur Verfügung. Gott selbst lebt unser Leben mit; das soll so bleiben und immer mehr werden, Kind. Daran hängt es auch, ob ein Mensch einen endgültigen Wert hat oder nicht. Und er wird ein wertvoller Mensch werden.

Ich lebe hier auf einem sehr hohen Berg, lieber Alfred Sebastian. Was man so Leben nennt, das ist weit unten, in verschwommener und verworrener Schwärze. Hier oben treffen sich die menschliche und göttliche Einsamkeit zu ernster Zwiesprache. Man muss helle Augen haben, sonst hält man das Licht hier nicht aus. Man muss gute Lungen haben, sonst bekommt man keinen Atem mehr. Man muss schwindelfrei sein, der einsamen, schmalen Höhe fähig, sonst stürzt man ab und wird ein Opfer der Kleinheit und Tücke. Das sind meine Wünsche für Dein Leben, Alfred-Sebastian: helle Augen, gute Lungen und die Fähigkeit, die freie Höhe zu gewinnen und auszuhalten. Das wünsche ich nicht nur Deinem Körper und Deinen äußeren Entwicklungen und Schicksalen, das wünsche ich vielmehr Deinem innersten Selbst, dass Du Dein Leben mit Gott lebst als Mensch in der Anbetung, in der Liebe, im freien Dienst.«

Wenn es diesen personalen Gott nicht gäbe, dann müsste ich Norberto Bobbio (2004) Recht geben, wenn er schreibt: »Das wichtigste Argument für den Nicht-Glaubenden ist das Bewusstsein um die Geringfügigkeit der eigenen Person angesichts des Geheimnisses von der Gesamtheit aller Welten, deren ungeheure, vielleicht unfassbare Größe wir erst jetzt, man könnte sagen, erst seit gestern, zu begreifen beginnen.« (52) Dagegen steht die christliche Überzeugung von der Existenz eines personalen Gottes, der sich als Liebe offenbart hat in Jesus von Nazareth. Von ihm schreibt der Evangelist Johannes in seinem Prolog: »Allen aber, die ihn aufnahmen, gab er Macht, Kinder Gottes zu werden, allen, die an seinen Namen glauben« (Joh 1,12). Wir sind nicht nur ein kleines Stück Staub im All, sondern eine einzige und unwiederholbare Person.

Eine Mutter erzählte mir einmal folgendes Erlebnis. Eines Tages fragte ihre kleine Tochter: »Sag einmal, Mutti, als ich geboren wurde, hast du mich damals direkt erkannt?« Die Mutter, erstaunt über diese Frage, antwortete ihr nach einigem Nachdenken: »Schau, wir, deine Eltern, haben uns ein Kind gewünscht. Wir konnten dich noch gar nicht kennen. Aber wir wussten, wir bekommen ein Kind. Dass du dieses Kind bist, das hat ein anderer gewollt. Den nennen wir den ›lieben Gott‹. Nicht wir, sondern er hat dich geschaffen. Du bist uns geschenkt«. Schöner kann man kaum die Einzigkeit des Menschen darstellen.

Mit dem Leben versöhnt

Im Alter neigen wir dazu, auf die Vergangenheit zurückzublicken. Die Kindheit, die Jugend, das Berufs- und Familienleben – alles ist vergangen. Es scheint uns nur noch ein kleiner Rest unserer Lebenszeit zu bleiben. Ist wirklich alles vergangen? Ist nicht mein ›Ich‹ geblieben? Es war *meine* Kindheit, *meine* Jugend und *mein* Berufs- und Familienleben. ›Ich‹ habe so viele Erfahrungen gemacht, die ich heute dankbar reflektieren kann. Selbst das Schwere und Leidvolle kann sich im Rückblick als Bereicherung meiner Lebenserfahrung darstellen. Das Alter ist wie eine Zeit der Ernte. Rückblickend kann ich die Führung Gottes in meinem Leben erkennen. Die Bibel erzählt dazu eine eindrucksvolle Begegnung. Mose bittet Gott, ihn schauen zu dürfen. Gott aber antwortet ihm: »Du kannst mein Angesicht nicht sehen; denn kein Mensch kann mich sehen und am Leben bleiben«. Dann sprach der Herr: »Hier, diese Stelle da! Stell dich an diesen Felsen! Wenn meine Herrlichkeit vorüberzieht, stelle ich dich in den Felsenspalt und halte meine Hand über dich, bis ich vorüber bin. Dann ziehe ich meine Hand zurück, und du wirst mich im Nachhinein schauen. Mein Angesicht aber kann niemand sehen« (Ex 33, 20–22).

Die geistlichen Lehrer haben in diesem Gespräch den Weg der Gotteserfahrung erkannt. In der Rückschau, aus der Perspektive der Gegenwart erkenne ich, dass ich in meinem Leben geführt wurde. Die Freude und das Glück vergangener Zeiten sind nicht einfach verloren. Sie sind in meiner Erinnerung aufgehoben. Natürlich werden wir bei einem solchen Rückblick auch auf negative Erfahrungen stoßen. Der Abstand des Alters gibt uns die Chance, den Frieden mit mir selbst zu finden. Der Wiener Weihbischof Helmut Krätzl schreibt dazu: »Sich mit dem eigenen Leben aussöhnen heißt, ehrlich gegen sich sein, die vielen gut gemeinten Ansätze nicht übersehen, aber auch das Versagen nicht beschönigen. So war es nun einmal und dazu stehe« (137). Vielleicht sind es aber auch Wunden, die andere mir geschlagen haben und die nicht heilen wollen. Nicht selten begegnet man verbitterten alten Menschen, die sich die Freude am Leben dadurch verderben, dass sie nicht aufhören ›ihre Wunden zu lecken‹. Es ist eine Kunst, heilen zu lassen, was heilen will. Wer bereit ist, anderen zu vergeben, der versöhnt sich auch mit seinem eigenen Leid.

Mit Grenzen leben lernen

Zur Wahrhaftigkeit gehört, die wachsenden Lasten des Alters wahrzunehmen und anzunehmen. Nicht nur die körperliche, auch die geistige Beweglichkeit nimmt ab. Von Kardinal Frings wird erzählt, er habe trotz seiner fast blinden Augen die Hilfe eines Mitbruders auf dem Weg zur Kanzel abgelehnt und sei deswegen beinahe hingefallen. Mit seinem sprichwörtlichen Humor begann er darauf seine Predigt: »Liebe Gläubige, Sie sehen, im Alter lassen alle Sinne nach, nur der Eigensinn, der wächst«. Es ist nicht leicht, sich von der in der Werbung häufig zitierten Fitness im Alter zu verabschieden und zunehmend körperliche und geistige Grenzen anzunehmen. Es wächst die Müdigkeit. Die geistige Spannkraft ist schneller verbraucht. Man kann geistige Zusammenhänge nicht mehr so schnell durchschauen. Auf dem Gebiet der technischen Entwicklung kann man nicht mithalten. Es wächst die Einsamkeit. Begegnungen werden seltener, manche Einladung kann man nicht mehr wahrnehmen, gute Freunde sterben und Besuche sind in Wahrheit oft Pflichterfüllung. Es wachsen die körperlichen Gebrechen. Es kostet Überwindung zum ersten Mal einen Gehstock oder einen Rollator zu Hilfe zu nehmen. Die Versuchung zu resignieren liegt nahe. An dieser Stelle stehen sich zwei einander widersprechende Wegweisungen gegenüber. Nietzsche und Jesus von Nazareth. Für Friedrich Nietzsche gilt, dass man diese Grenzerfahrungen durchschreiten muss, um die Sinnlosigkeit des Lebens zu bejahen. Deswegen ist jede Form von Mitleid untersagt. Der Mitleidige »will *helfen* und denkt nicht daran, dass es eine persönliche Notwendigkeit des Unglücks gibt, dass mir die Schrecken, Entbehrungen, Verarmungen, Mitternächte, Abenteuer, Wagnisse, Fehlgriffe so nötig sind wie ihr Gegenteil, ja dass, um mich mystisch auszudrücken, der Pfad zum eigenen Himmel immer durch die Wollust der eigenen Hölle geht« (338). Der Sieg des Übermenschen besteht darin, dass er in seinem Leiden über die Sinnlosigkeit des Daseins als den einzigen Sinn des Lebens akzeptiert.

Ganz anders ist die Einladung Jesu: »Kommt alle zu mir, die ihr euch plagt und schwere Lasten zu tragen habt. Ich werde euch Ruhe verschaffen. Nehmt mein Joch auf euch und lernt von mir; denn ich bin gütig und von Herzen demütig; so werdet ihr Ruhe finden für eure Seele. Denn mein Joch drückt nicht, und meine Last ist leicht« (Mt 11,28–30). Jesus leugnet nicht die Mühe des Lebens. Aber sie ist nicht Ausdruck der Sinnlosigkeit, sondern sie führt zu einer tieferen Erkenntnis dessen, woraufhin wir geschaffen sind. Von Jesus lernen, heißt in seine Nachfolge treten. Obwohl, mit menschlichen Augen gesehen, sein Kreuz als totales Scheitern bezeichnet werden muss, weiß er sich selbst in der scheinbaren Sinnlosigkeit geborgen, in der Treue seines Vaters. »Als er auf Erden lebte, hat er mit lautem Schreien und unter Tränen Gebete und Bitten vor den gebracht, der ihn aus dem Tod retten konnte, und er ist erhört und aus seiner Angst befreit worden« (Hebr. 5,7).

Das Wagnis des Glaubens

Die Einladung Jesu ist kein Spaziergang. Sie fordert vom Menschen radikales Vertrauen gerade in den Grenzerfahrungen des Lebens. Im Blick auf die zahllosen Leiden bittet Paulus Gott um Hilfe. Die Antwort, die er erhält, ist umwerfend: »Meine Gnade genügt dir; denn sie erweist ihre Kraft in der Schwachheit« (2. Kor 12,9). Religion ist kein »Opium des Volkes«. Der Glaube ist keine Vertröstung. Aber anders als Nietzsche führt er durch das Leid hindurch, um einen Trost zu finden, dessen Frucht Versöhnung und nicht Zynismus ist. Es ist nicht so, dass der Gläubige keine Zweifel hätte oder haben dürfte. Immer wieder befällt das Dunkel auch den glaubenden Menschen. Wenn wir uns nicht den Fragen unserer Zeit verschließen, wird der Gläubige mit Achtung auf den schauen, der sich für die Sinnlosigkeit entscheidet. Aber auch umgekehrt, darf der Gläubige von dem Nichtglaubenden entsprechend Achtung für die gegenteilige Entscheidung erwarten.

Nachdrücklich hatte das Karl Rahner formuliert (1966): »Wenn einer es fertig bringt, mit diesem unbegreiflichen, schweigenden Gott zu leben, den Mut immer neu findet, ihn anzureden, in seine Finsternis glaubend, vertrauend und gelassen hineinzureden, obwohl scheinbar keine Antwort kommt als das hohle Echo der eigenen Stimme, wenn einer immer wieder den Ausgang seines Daseins freiräumt in die Unbegreiflichkeit Gottes hinein, obwohl er immer wieder zugeschüttet zu werden scheint durch die unmittelbar erfahrbare

Wirklichkeit der Welt, ihrer aktiv von uns selbst zu meisternden Aufgabe und Not und von ihrer immer noch sich weitenden Schönheit und Herrlichkeit, wenn er dies fertigbringt ohne die Stütze der ›öffentlichen Meinung‹ und Sitte, wenn er diese Aufgabe als Verantwortung seines Lebens in immer erneuter Tat annimmt und nicht nur als gelegentliche religiöse Anwandlung, *dann* ist er *heute* ein Frommer, ein Christ«. Mancher Fromme, der diese Worte liest, mag erschrecken vor dieser Radikalität des Fragens. Aber die Redlichkeit gebietet es, dem eigenen Zweifel Raum zu geben. Das Einzige, was wir diesem Zweifel entgegensetzen können, ist ein letztes Loslassen: das Lassen der eigenen Fragwürdigkeit in die Antwort des Glaubens.

Dasein zum Tod

Für Karl Rahner ist die Annahme der körperlichen und geistigen Gebrechen die Einübung in das Sterben. Der Tod ist nicht einfach ein Ereignis, das sich unser bemächtigt, er ist auch ein bewusst in Freiheit angenommenes Geschehen. Es geht nicht um den Augenblick des Sterbens, sondern um den Weg zum Tod. »Unsere Tage zählen, lehre uns! Dann gewinnen wir ein weises Herz«, betet der Psalmist (90,12). Die Tabuisierung des Todes ist ein Vergehen gegen das Leben. Im Angesicht des Todes gewinnt unser ganzes Dasein eine andere Farbe, als wenn wir uns eine Schein-Unsterblichkeit verordnen. Für Martin Heidegger ist Leben »Sein zum Tod«. Die Art, wie man sich zum Tod verhält, wird oft durch das Man bestimmt: Es soll nicht über den Tod nachgedacht werden. In Wirklichkeit aber ist das ganze Leben ein Loslassen. Wer sich nicht von der Macht des Habenmüssens frei machen konnte, der erleidet den Tod als totales Scheitern. Den Tod bewusst annehmen, heißt das Loslassen-Müssen lernen, seine Endlichkeit anerkennen. Hier führt uns das Alter auf den Weg der Wahrheit. »Von Jahr zu Jahr säst du die Menschen aus; sie gleichen dem sprossenden Gras. Am Morgen grünt es und blüht, am Abend wird es geschnitten und welkt« lesen wir im Psalm (90,5f.). Oder der Hebräerbrief zitiert den Psalm 8 mit den Worten: »Was ist der Mensch, dass du an ihn denkst, oder der Menschensohn, dass du dich seiner annimmst?« Die Bibel weist uns über die Erfahrung unserer Endlichkeit hinaus. Denn weiter heißt es im Hebräerbrief: »Du hast ihn nur für kurze Zeit unter die Engel erniedrigt. Du hast ihn mit Herrlichkeit und Ehre gekrönt« (Hebr. 2,6f.).

Warum verstellen sich heute so viele Menschen diese Hoffnung? Norberto

Bobbio antwortet »Ich möchte nur sagen, dass mir die Gründe für den Zweifel immer überzeugender erschienen sind als die Gründe für die Gewissheit. Niemand kann Gewissheit über ein Ereignis besitzen, für das es keine Beweise gibt. Auch die Gläubigen glauben nur, dass sie glauben. Ich glaube, dass ich nicht glaube«. Das Alte Testament hat einen langen Weg zurücklegen müssen, bis es zum Glauben an die Auferstehung der Toten fand. Es war nicht die Philosophie, die ihm diese Erkenntnis brachte, sondern der Glaube. Der Name Gottes ist »Ich bin der, der ich da sein werde« (53). Wenn das Wesen Gottes Treue ist, dann kann er die Toten nicht ins Nichts fallen lassen. Dann muss es eine Auferstehung der Toten geben. Diesen Glauben an die Auferstehung hatte auch Jesus von Nazareth. In diesem Glauben ging er in den Tod. »Gott hat ihn auferweckt am dritten Tag«, bekennt die christliche Urgemeinde. Dieses Bekenntnis meditiert Paulus im Römerbrief und kommt dabei zu eben jener Gewissheit, die Roberto Bobbio glaubt leugnen zu müssen: »Ich bin gewiss: Weder Tod noch Leben ... können uns scheiden von der Liebe Gottes, die in Christus Jesus ist, unserem Herrn« (Röm 8,38). Diese Gewissheit ist nicht das Ergebnis philosophischer Spekulationen, sondern des Gebetes und der geistlichen Erfahrung.

> Meine Lebenstage fliehen dahin.
> Meine Zeit zerrinnt wie Sand.
> Nichts Bleibendes gibt es für mich.
> Alles muss ich lassen.
> Abschiednehmen ist mein Leben.
> Trauernd schaue ich zurück.
> Was ist Besitz,
> was ist Ansehen?
> Was bleibt von dem,
> was ich geschaffen?
> Selbst die Liebe verblasst.
> Mit leeren Händen
> stehe ich vor dir.
> Fülle meine Armut,
> schenke mir eine Bleibe in dir.
> Lass meine Sehnsucht Ruhe finden.
> Gib mich dir
> für immer.

Literatur

Bobbio N (2004) Vom Alter – De senectute. Berlin (Wagenbach).

Grätzl H (2006) Geschenkte Zeit. Wien (Tyrolia).

Hesse H (1990) Mit der Reife wird man jünger. Frankfurt (Suhrkamp).

Nietzsche F (1982) Die fröhliche Wissenschaft. Frankfurt (Insel).

Rahner K (1966) Schriften zur Theologie. Band 7. Frömmigkeit früher und heute. Zürich (Benziger).

Korrespondenzadresse:
P. Alphons Höfer SJ
Jabachstr. 4–8
50676 Köln
E-Mail: *nc-hoeferal@netcologne.de*

Paranoid-schizoide Aspekte von Spiritualität bei gläubigen Christen

Bertram von der Stein (Köln)

> *»Misstrauen zersägt die Lebenswurzeln,*
> *Vertrauen stärkt sie.«*
> Zenta Maurina

Zusammenfassung

Präödipale Beeinträchtigungen hindern Patienten häufig, die paranoid-schizoide Position zu überwinden. Entsprechend sind bei Patienten mit Frühstörungsanteilen das Niveau der Überich-Entwicklung und ihre religiösen Vorstellungen hiervon geprägt. Es gibt Parallelen zwischen fundamentalistischen Motiven und rigiden Vorstellungen aus dem konventionellen Christentum einerseits und der inneren Welt dieser Patienten andererseits. In Fallbeispielen von Älteren werden diese Zusammenhänge verdeutlicht und mögliche Behandlungskonsequenzen aufgezeigt.

Stichworte: Paranoid-schizoide Position, Fundamentalismus, konventionelles Christentum, reife Religiosität

Abstract: Paranoid shizoid aspects in spirituality of believing Christians

Preödipal injuries prevent patients from overcoming their pranoid-shizoid position. According to this the level of their Super Ego developement and religious conceps are influenced. There are parallels between fandamentalistic motives as well as rigid ideas in conventional christinanity and the internal world of these patients. Case peports of elderly patients illustrate these correlations, and possible consequences for a treatment are presented.

Key words: paranoid shizoid position, fundamentalism, conventional christianity

Einleitung

Internalisierte Objektbeziehungen der frühen Kindheit werden nach Melanie Klein (1940, 1946) in Anteile von schwerer Aggression und Frustration und von freudiger Erregung und sinnlicher Stimulation aufgespalten. Diese Spaltung ermöglicht illusionär reine und ideale Beziehungen zwischen Kleinkind und Mutter, wobei ideales Selbst und ideales Objekt einerseits und gänzlich schlechtes Selbst und schlechtes Objekt andererseits voneinander getrennt bleiben. Diese Zustände charakterisieren die paranoid-schizoide Position. Die Überwindung dieser Spaltung unter der Vorherrschaft der Libido über die Aggression sowie als Folge kommunikativer und kognitiver Reifungsprozesse in den ersten Lebensjahren führt schließlich zur sogenannten depressiven Position. Dies bedeutet, dass eine Integration von idealisierten und verfolgenden Anteilen des Selbst und seiner entsprechenden Objektrepräsentanzen stattgefunden hat.

Diese Integration verstärkt die Fähigkeit zur Selbstreflexion und zur Realitätswahrnehmung. Die depressive Position erlaubt auch, Aspekte der Eltern zu verinnerlichen, die Anforderungen und Verbote enthalten. Auf dieser Stufe können Frustrationen bewusst akzeptiert werden in der Erkenntnis, dass diese der Preis für Liebe und Sicherheit sind.

Infolge von akuten und auf einander folgenden (kumulativen) Traumatisierungen sowie der Dominanz aggressiver Erfahrungen und verfolgender elterlicher Forderungen kann aber auch ein sadistisches Überich entstehen. Die innere Welt des Patienten bleibt dann nicht selten religiös und ideologisch überhöht, während aggressive und destruktive Tendenzen abgespalten werden. Spirituelle Handlungen können zur Festigung eines solchen paranoid-schizoiden Weltbildes dienen.

Zu den Merkmalen der Regression auf ein prädipales Niveau sozialer Gruppen und Einzelner gehören die Gier nach Grausamkeit, die Ausgrenzung von Außenseitern, eine primitive Selbstidealisierung, Konventionalität, Gedankenlosigkeit, Missgunst und Destruktivität. Dies alles sind Symptome, die gewöhnlich bei Patienten mit schweren Persönlichkeitsstörungen vorherrschen.

Für Einzelne und für Gruppen ist es besonders destruktiv, wenn eine paranoid-schizoide Ideologie von religiös-spirituellen Motiven durchdrungen und katalysiert wird, durch die die Menschheit in Gut und Böse aufgeteilt wird. Selbstidealisierung und Dehumanisierung anderer gehören dazu. Oft wird Grausamkeit religiös rechtfertigt, einhergehend mit kritiklosem Gehorsam gegenüber rigiden Moralregeln eines absoluten Führers, der vorgeblich im Dienste Gottes auftritt. Wenn der Glaube an Gott mit dem Bild eines strafenden Vaters verbunden ist, wirkt dies nach Fuchs (2000) bei Älteren negativ auf Ängste, Depressionen und psychosomatische Störungen.

Präödipale Traumata hinterlassen im Selbst ihre Spur, indem sie die Entwicklung einer stabilen Selbstrepräsentanz behindern. Bei Patienten mit einer solchen Vorgeschichte können sich Religion und Spiritualität negativ auswirken mit der Folge, dass Unsicherheit, Besorgnis, Schuldgefühle, rigideres Denken, soziale Isolation und geringeres Selbstwertgefühl verstärkt werden, wie dies von Koenig und Larson (2001) schon beschrieben wurde. Zwar kann nach Albani (2004) Spiritualität durchaus positive Effekte auf das psychische Befinden haben. Im Folgenden werden aber in kurzen Fallgeschichten problematische Aspekte präödipal akzentuierter Religiosität aus der christlichen Tradition herausgearbeitet.

Spätes Ende einer Illusion

Herr O., ein 63-jähriger Geschäftsführer einer international agierenden Firma, geriet in eine Depression, deren Symptome sich innerhalb eines Jahres erheblich verstärkten, als er entgegen den eigenen strengen moralischen Vorstellungen zahlreiche Mitarbeiter entlassen musste. Am Ende der »Rationalisierungsmaßnahmen« stand seine eigene vorzeitige Entlassung – allerdings mit einer hohen Abfindung. Aus dieser mit Schuldgefühlen vermischten Kränkung – er war besser als seine Mitarbeiter davongekommen – versuchte er sich durch großzügiges ehrenamtliches Engagement in einem evangelischen Gemeindeverband freizukaufen, indem er als Presbyteriumsmitglied die unbezahlten Aufgaben eines Geschäftsführers übernahm. Als auch dort Pfarrer- und Sozialarbeiterstellen gestrichen werden mussten und die hauptamtlichen Kirchenangestellten sich ein »Hauen und Stechen« boten und andere »unchristlichen Verhaltensweisen« zeigten, verstärkten sich die seit seiner vorzeitigen Entlassung bestehenden leichteren depressiven

Symptome erheblich und eine Angststörung mit Panikattacken kam hinzu. Dies alles führte zu einem viermonatigen stationären Aufenthalt in einer psychosomatischen Klinik.

Der aus einer Bergarbeiterfamilie stammende Patient orientierte sich sein Leben lang an den – von Sekundärtugenden bestimmten – calvinistischen Leistungs- und Ethikidealen seiner ehrgeizigen Mutter. Obgleich der Vater als Steiger zuverlässig und fleißig arbeitete, wurde er von der als bigott beschriebenen Mutter als dumpf und dem Alkohol verfallen entwertet, obgleich er, ohne Quartalstrinker zu sein, lediglich auf Heimatfesten seines Stadtviertels »einen über den Durst trank«.

Dem Patienten erschienen die schriftgetreue Bibelauslegung und die protestantische Arbeitsethik sowie die feste Anbindung in der evangelischen Gemeinde seines Heimatortes als das »granitene Fundament« seines Lebens. Dieses wirkte solange stabilisierend, als er für eine gerechte Arbeit einen gerechten Lohn erhielt. Schuldgefühle, die er wegen seines hohen Verdienstes hatte, wehrte er durch die Übernahme von kirchlichen Ehrenämtern ab.

Zwar waren ihm die moralische Unerbittlichkeit und die sadistischen Züge der Mutter schon in der Jugend aufgefallen, gleichwohl konnte er sich durch Idealisierung der mütterlichen Lebenswelt innerlich vor Rückschlägen in seinem Leben retten. Auf diese Weise wehrte er mit 49 Jahren die Wut, die er seiner ersten Ehefrau gegenüber empfunden hatte, als diese ihn wegen eines anderen Mannes mit zwei Kindern verlassen hatte: Er empfand sich selbst als guter verzeihender Christ, sogar moralisch reifer als seine bigotte Mutter, die ihre Schwiegertochter wegen des Ehebruchs als verdammenswerte Hure bezeichnet hatte.

Beruflich gelang es ihm lange Zeit, das Bild eines ausgeglichenen aggressionsarmen Gutmenschen zu bewahren. In der Psychoanalyse, in der es anfangs um die beängstigende Enttäuschung an der Welt und an der evangelischen Kirche ging, konnte er sich in vorsichtigen Schritten mit seiner gespaltenen inneren Welt in Gut und Böse auseinandersetzten. Beim schmerzlichen Durcharbeiten der Beziehung zu seiner dominanten Mutter nahm seine Depression zu und er hatte in dieser Zeit Tendenzen, die Therapie abzubrechen. Aufgrund seines hohen Zuverlässigkeitsethos stand er diese Krise aber durch. Er konnte erkennen, wie sehr er Triebhaftes und Destruktives in seinem Erleben stets in die Welt außerhalb seiner selbst deponierte. Als er nach einer längeren depressiven Phase in der Lage war, die grund-

sätzliche Ambivalenz in allen Dingen zu akzeptieren, also auch »Schuld und Sünde« bei der Mutter, der Kirche und bei sich selbst zu sehen, gelang es ihm nachhaltig, Ängste, Verzweiflung und Depression zu überwinden.

Harnwegsinfekte, Blasensenkung und Brustamputation als Strafe Gottes

Die 77-jährige Frau W. kam in die psychosomatische Abteilung eines Allgemeinkrankenhauses, da sie nach Aussage ihrer als Psychologin tätigen Tochter in inadäquater Weise immer wieder über Harndrang klagte. Die Patientin hatte als Pfarrsekretärin und zuletzt als Schreibkraft bei einem Bischof gearbeitet. Mit 26 Jahren war sie – aus einem streng religiösem Haus stammend – vorehelich von ihrem Verlobten schwanger geworden, der im 2. Weltkrieg fiel. Eltern und gut katholische Nachbarn hatten sich »in christlicher Barmherzigkeit rührend um die junge Mutter« gekümmert und ihr ein Überleben in der Trümmerwüste von Köln ermöglicht.

Später blieb sie beruflich stets im Umfeld der Kirche, wo man, wie sie annahm, ihren »Fehltritt« tabuisierend tolerierte. Trotz starker Sehnsüchte und unerfüllter sexueller Wünsche hatte sie sich nie mehr einem Mann hingegeben. In der Gruppentherapie fiel vor allem ihr Sexualneid gegenüber jüngeren Frauen auf. Oft rannte sie, wenn solche Themen zur Sprache kamen, einem imperativen Harndrang folgend auf die Toilette. Generell fiel dem therapeutischen Team auf, dass die vordergründig unterwürfige und um Ausgleich bemühte Patientin in vielen Bereichen sehr polarisierend dachte, was hinter einer ödipal erscheinenden Fassade auf starke Anteile einer frühen Störung hinwies. In der Einzeltherapie – zuerst bei einer Therapeutin, später bei einem Therapeuten – konnte sie ihre von religiösen Schuldgefühlen geprägte Sexualmoral thematisieren. So empfand sie ein Mama-Karzinom, das sie mit 50 Jahren bekommen hatte, ebenso wie Infektionen im Genitalbereich und später eine Blasensenkung als »Strafe Gottes« für ihre damalige ungezügelte Wollust. Als sie nach einem Gespräch mit einem katholischen Seelsorger sich von der Amtskirche entlastet fühlte, konnte sie diese Themen auch in der Therapie ansprechen. Danach gingen die quälenden Symptome des Harndranges nachhaltig zurück. Auch wenn sie in ihrem hohen Alter das Thema Sexualität und Männer abschreiben musste, so wurde sie dennoch genussfähiger und konnte die freiere Ent-

wicklung von Tochter und Enkeltochter mit mehr Wohlwollen betrachten.

Pflugscharen zu Schwertern

Eine 63-jährige seit 20 Jahren an einer Darmerkrankung (M. Crohn) leidende evangelische Pfarrerin kam wegen einer Angststörung in meine psychoanalytische Behandlung, nachdem sie eine stationäre Therapie in einer psychosomatischen Klinik abgebrochen hatte. Dort sei sie in der Gruppentherapie von den Mitpatienten »rausgemobbt« worden, die Therapeutin habe sie nicht geschützt.

Auslösend für die Zuspitzung ihrer Ängste war ein Arbeitsplatzkonflikt, der in einer vorzeitigen Pensionierung gipfelte, die sie als Suspendierung empfand. In ihrer letzten Pfarrstelle hatte sie ohne Rücksprache mit dem Presbyterium ein in der Dorfkirche hängendes eisernes Kreuz aus dem Ersten Weltkrieg mit der Begründung entfernen lassen, dass dies ein Symbol der Vereinigung von Thron und Altar und darüber hinaus ein Zeichen des Militarismus sei. In ihrer Gemeinde habe sie sich immer gegen jegliche Kriegsverherrlichung gewandt und in der Gemeindearbeit den Kampf gegen Rechtsextremismus, Ausbeutung und Ausländerfeindlichkeit geführt. In der niedersächsischen, dörflich strukturierten Gemeinde in der Nähe einer Großstadt sei sie damit auf Ablehnung gestoßen – sie hatte dem Presbyterium auch latent nationalsozialistisches Gedankengut unterstellt.

Die letzte Stelle war bereits ihre achte Pfarrstelle. Immer wieder war es in den verschiedenen Gemeinden zum Eklat gekommen. In den 80er Jahren war sie aktiv in der Friedensbewegung als erklärte Atomkraftgegnerin tätig gewesen. Sie war beispielsweise von einer Gemeinde abgelehnt worden, als es zu Frontstellungen zwischen friedensbewegten Jugendgruppen und konservativen Gemeindemitgliedern kam. In den ersten Stunden der psychoanalytischen Behandlung regte sie sich über spielende kleine Jungen auf, die sie beobachtet hatte, als diese sich mit Holzschwertern bekämpften. Mit dem Bibelzitat: »denn sie wissen nicht was sie tun« eröffnete sie die Stunde und unterstellte den Eltern der Kinder faschistische Tendenzen. Schließlich berichtete sie über eine dissoziale Phase ihrer Kinder, ihre Tochter ist heute aber als Sozialarbeiterin tätig und ihr Sohn als evangelischer Pfarrer. Während die Tochter phasenweise ein Drogenproblem hatte und noch im Studium in der linksautonomen Szene in Berlin wegen Körper-

verletzung straffällig geworden war, hatte der Sohn phasenweise mit den Neonazis sympathisiert.

In der Gegenübertragung rief die Patientin bei mir heftige Aggressions- fantasien und Trotzgefühle hervor. Im Laufe der Behandlung vor allem nach einer vorsichtigen Mitteilung der Gegenübertragung konnte die Pati- entin erkennen, wie sehr durch ihre religiös verbrämte Friedensideologie die abgespaltenen Fragmente einer transgenerationellen Belastung abgewehrt wurden. Ihr Vater, selbst evangelischer Dorfpfarrer, hatte sich im National- sozialismus den Deutschen Christen angeschlossen und gegen Mitglieder der bekennenden Kirche agiert. Ob er für das Verschwinden einiger Pfarr- erkollegen verantwortlich war, war nicht klar, es war aber eine Vermutung der Patientin. Als sie erkannte, wie sehr sie im Dienste der Wiedergutma- chung durch Abspaltung und Unterdrückung von Aggressionen ihre Kinder erzogen hatte und wie sie mit eigenen destruktiven Tendenzen durch Ver- leugnung und Verdrängung umging, wurde ihr auch deutlich, wie sie selbst zur heftigen Wiederkehr des Verdrängten beitrug und wie sie sich dabei in verschiedenen Gruppen in eine masochistisch gefärbte Opferposition ma- növrierte hatte. Ihre Depression nahm zunächst zu. Später kam es zu einem deutlichen Rückgang von Angst, Depression und psychosomatischen Reak- tionen im Kontext mit dem M. Crohn. Mittlerweile absolviert die Patientin bei einer Kollegin eine analytische Gruppentherapie.

Untergang des Abendlandes

Ein 65-jähriger ehemaliger leitender Handwerker mit einem psychogenen Schmerzsyndrom brach eine analytische Gruppentherapie ab, nachdem er von Mitpatienten auf die Hintergründe seiner paranoid gefärbten Abneigung gegen Türken angesprochen wurde. Der in einem Kölner Vorort lebende Pa- tient war von seinem Vorgesetzten schwer enttäuscht, als sich herausstellte, dass dieser in einen Korruptionsskandal verwickelt war. In der Therapie konnte auch seine schwere Enttäuschung am eigenen Vater ansatzweise durchgearbeitet werden.

Sein Autoritätskonflikt spitzte sich jedoch zu, als er nach der Entlassung seines Vorgesetzten einen 45-jährigen Deutschtürken als Chef bekam. Alte unbearbeitete Konflikte brachen erneut aus. Nach einem Besuch seines Hei- matortes, der mittlerweile türkisch dominiert wird, schloss sich der Patient der rechtsradikalen Bürgerbewegung »Pro Köln« an, deren Hauptziel es angeblich ist, die kulturelle Identität typischer Kölner Stadtviertel zu erhalten. Der Patient, der seit seiner Jugend der Kirche ferngestanden hatte, entwickelte eine religiös-christlich verbrämte Ideologie vom drohenden »Untergang des Abendlandes«. Allerdings war er von der für ihn zuständigen evangelischen Kirche enttäuscht, da in den Gemeindekindergarten auch islamische Kinder aufgenommen würden. Die »Katholen« seien jedoch auch nicht viel besser. Deshalb wandte er sich einer aus den USA stammenden evangelikalen Sekte zu. Inwieweit sein strenger Vater, der ihn oft als »Rohrkrepierer« beschimpft hatte, weil er kinderlos geblieben war, der NS-Ideologie nahestand, war nicht ganz klar. Leider war nach der Anbindung an die Sekte weder eine weitere Gruppen- noch eine Einzeltherapie möglich, obgleich der Patient anfangs durchaus reflexions- und introspektionsfähig war.

Mata moros

Ein 1946 geborener Spanier, der mit seinen Eltern 1960 nach Deutschland gekommen war und unter einer schweren Zwangsneurose litt, berichtete über einen für ihn beschämend wirkenden Zwang (Obsession), der ihm um so peinlicher war, als er sich politisch als linksliberal und tolerant verstand: Er berichtete, einen türkischen Freund und einen jüdischen Bekannten insgeheim in seinen Gedanken *zwangsgetauft zu haben, da sie ungetauft eigentlich keine Menschen seien. Er müsse ihnen dadurch zum wahren Menschsein verhelfen, da er sich sonst als spanischer Herrenmensch besudele. Er leide sehr unter seiner inneren Zerrissenheit: Seine faschistoiden Vorstellungen schreckten ihn ab, er schäme sich für seine Ängste, vom Islam und vom Judentum dominiert zu werden. Die geheimen Zwangstaufen, von denen die beiden nichts wissen, seien für ihn ein neurotischer Kompromiss, um dem Dilemma zwischen Freundschaft und unerbittlichen Überich-Forderungen zu entgehen. Die Verbindung seiner Vorstellungen mit seiner Erziehung im faschistischen Spanien und mit idealisiert dargestellten Zwangstaufen von Mauren und Juden durch die spanischen Konquistadoren, die im Kampfruf »Mata moros« (d.h. erschlagt die Mauren) gipfelten, war ihm bewusst. Gegen Ende der Behandlung nahmen auch diese störenden Vorstellungen an Intensität ab.*

Die Hoffnung stirbt nie

Eine 73-jährige ehemalige Verkäuferin begann wegen eines chronischen psychogenen Schmerzsyndroms eine tiefenpsychologisch fundierte Psychotherapie. Ihr Mann, der Alkoholiker war, war ein Jahr vor der Therapie verstorben. Es wurde deutlich, dass sie jahrelang als Co-Alkoholikerin eine Opferposition eingenommen hatte, eine Rolle, die sie mit einem religiös angehauchten masochistischen Triumph erfüllte. Die tiefreligiöse Frau wurde von Nachbarn als guter Mensch empfunden, der, wie sie es selbst ausdrückte »sein Kreuz auf sich nahm und geduldig die Leiden ertrug«. Die narzisstische Funktion ihres Masochismus (Stolorow 1975, Rohde Dachser 1986) wurde deutlich und wies auf ihr Ringen um Empathie vor dem Hintergrund einer vernachlässigenden Mutterbeziehung hin. Die Therapie, die vordergründig mit einem Rückgang der Schmerzen einherging, blieb problematisch, da die Patientin auch kleinere im Alltag auftretende Probleme und Konflikte nicht löste, sondern alles auf eine idealisierte Zukunft als erlöste Christin nach der Auferstehung verschob. Dementsprechend wurden auch die Behandlungsstunden idealisiert und ästhetisiert; sie begab sich, wie Weiß (2004) in einem ähnlichen Fall eindrücklich beschrieb, »in einen Zustand qualvollen Wartens in der Hoffnung, eines Tages würde sie geliebt.« Entsprechend zogen sich in meinem Gegenübertragungserleben manche Behandlungsstunden endlos hin. Diese illusionäre Hoffnung erlaubte es ihr, die Realität in der Schwebe zu halten und ihren Leidenszustand endlos aufrechtzuerhalten.

Nach dem Tod ihres Mannes hatte sie sich als freiwillige Mitarbeiterin in einem Hospiz um sterbenskranke Süchtige gekümmert. Klarifizierende Deutungen, in denen ihr aufgezeigt wurde, was sie wiederholte und welche repetitiven Muster ihr Leben kennzeichneten, liefen zunächst ins Leere. Ansatzweise verhalf ihr dann die sich allmählich entwickelnde Einsicht, altruistisch selbstschädigende Tendenzen etwas zu mildern. Deutlich wurde vor allem in ihren negativen Übertragungsangebote, wie stark durch ein geschlossenes religiöses System chronischer Groll verborgen werden kann, der, wie Britton et al. (1997) es formulieren, Wunden offen hält und keine Wiedergutmachung ermöglicht.

Diskussion

Spricht man mit manchen Geistlichen und Gläubigen, drängt sich der Eindruck auf, Menschen mit einem geschlossenen System von Einstellungen gegenüberzustehen, das keine Relativierung oder gar Zweifel zulässt. In der Formulierung eines Patienten hat man es mit einem »granitenen Fundament« zu tun, das keine Erschütterung zulässt. Diese Denkweise ist nicht spezifisch für das Christentum, grundsätzlich ist sie in nahezu allen Religionen und Weltanschauungen anzutreffen. Wenngleich man inhaltlich Islam und Christentum – beide aus gemeinsamen Wurzeln stammend – nicht über einen Kamm scheren kann, tendieren Eltern, wenn Kinder beispielsweise einen Partner mit einer anderen Religionszugehörigkeit finden, häufig mit einem religiös motivierten Kontaktabbruch. Den Satz: »Du bist nicht mehr meine Tochter ...« hört man aus fundamentalistischen Kreisen verschiedener Provenienz, z. B. bei Übertretung des Tabus der Virginität, auch heute nicht so selten. Weltanschauungen, politische Richtungen aber auch die Psychoanalyse selbst können fundamentalistisch uminterpretiert werden und führen dann in der Gesellschaft, in der Familie und beim Individuum zu massiven Spaltungen. Der starre Glaube an die alles überwindende Vernunft und die Vorstellung, das ganze Leben per Deutung psychoanalytisch zu gestalten, kann auch in Richtung paranoid-schizoider Ideologien gehen, wobei dann die Sucht, alles deuten zu wollen, im Dienste des Widerstandes steht. Der Rückzug in ein eigenes Universum, das Grenzen verleugnet, ermöglicht es, Konflikten, die mit der depressiven Position zusammenhängen, auszuweichen. Durch solche Systeme wird ein pseudostabiler Zustand erzeugt, der einen Patienten lange Zeit gegenüber Traumatisierungen, Niederlagen und belastenden Lebensereignissen vermeintlich unverletzlich machen kann.

Fundamentalismus und konventionelles Christentum

Fundamentalismus ist letztlich der unbewusste Versuch, nach dem Alles- oder Nichts-Prinzip, Gut und Böse auseinanderzuhalten und in der eindeutigen Verkündigung heilige, letzte, wahre und absolute Ideale anzubieten, um das Bedürfnis nach Geborgenheit und Sicherheit zu befriedigen, wobei das Böse dann immer außerhalb der eigenen Bezugsgruppe oder der eigenen Person liegt. Nach der Aufklärung sind bisher sichere Fundamente des Glaubens durch die wissenschaftliche Betrachtung der Bibel, durch die Evolutionstheorie und durch die Astronomie in Frage gestellt und die konkretistischen Vorstellungen von Himmel und Hölle und von Oben und Unten wurden relativiert. Viele religiöse Grundfesten haben ihren realistischen Charakter verloren und wurden zu

Symbolen. Der moderne Mensch lebt in einem Zwiespalt, wenn er elektrisches Licht und moderne Kommunikationstechniken nutzt und in Krankheitsfällen die hochtechnologisierte Medizin in Anspruch nimmt, gleichzeitig aber an Geister und die Wunderwelt des Alten und Neuen Testaments glauben soll.

Van de Pol (1967) weist darauf hin, dass ein fundamentalistischer Aspekt im konventionellen Christentum durch den Dualismus von Himmel und Erde und von Gottes Reich und äußerer Welt vorhanden sei. Frömmigkeit ist dabei durch Unanfechtbarkeit, Sicherheit, Geborgenheit, Hartnäckigkeit, Heftigkeit der Reaktionen gegen Apostaten (Abtrünnige), Isolierung, Unmündigkeit und Vorurteile gekennzeichnet. Freuds Aufsatz »Zwangshandlungen und Religionsausübung« bezieht sich auf diese Form von Religiosität.

Im Gegensatz zur paranoid-schizoiden Religiosität zeichnet sich reife Religiosität (Green 1969) durch den Respekt für das Individuum und dessen Autonomie, den Schutz der Privatsphäre eines Paares und der Familie, den Respekt für die Rechte der Anderen sowie durch Toleranz für den unvermeidlichen Neid und Geiz aus. Ein solches Glaubensverständnis enthält Verbote gegen Mord und Inzest und trifft Regelungen im Bereich sexueller Beziehungen. Zur reifen Religiosität (Kernberg 2000) gehört Hoffnung und Vertrauen in das Gute ohne Verleugnung des Bösen und ein Sinn für Verantwortung gegenüber einer höheren moralischen Instanz. Sie bedeutet, dass Arbeit und Kreativität als Beitrag zum Guten zu investieren sind und dass es notwendig ist, gegen Destruktivität zu kämpfen.

Diese Eigenschaften reifer Religiosität als Ausdruck persönlicher Integrität lassen sich mit der Natur Gottes vergleichen, wie sie in den religiösen Systemen der westlichen Kultur beschrieben wird. In der jüdisch-christlichen Tradition wird Gott als der Herrscher der Natur und Schöpfer der Welt dargestellt. Er hält die Gesetzmäßigkeit aufrecht, ist gütig, mitfühlend, verzeihend, jedoch auch strafend. Er ist transzendent und seine Weisheit ist die Quelle menschlichen Verständnisses. Durch die Offenbarung gibt er sich den Menschen zu erkennen und durch Erlösung heilt er alle Existenz. Die Übereinstimmung zwischen den Eigenschaften reifer Religiosität, die sich aus Quellen des Ich-Ideals und Überichs herleiten, und die Dominanz von der Liebe über den Hass, von Libido über Destruktion und in Bezug auf den Eigenschaften der Gottheit in der jüdisch-christlichen Religion ist augenfällig.

Bei vielen religiösen Patienten wurde diese reife Form der Religiosität jedoch nicht erreicht, sie besteht vielmehr aus einer Mischung von präödipaler Religiosität mit unverarbeiteten Traumata und reiferen Anteilen.

Schlussfolgerungen

Religiöse Systeme mit paranoid-schizoidem Einschlag, die auf narzisstischen Allmachtsvorstellungen, perverser Erregung und kitschig romantisierender Idealisierung basieren, bilden ein schweres Behandlungshindernis in der Psychoanalyse und Psychotherapie. Sie sind Ausdruck verfehlter Versuche, ein fragmentiertes Selbst, das durch traumatische Erfahrungen während der frühen präödipalen Phase verwundet wurde, zusammenzufügen und zu stärken. Hier wird Religion dann zur Plombe, hinter der sich ein psychotisches Chaos befindet.

Es kann bei solchen Patienten immer dann zum Behandlungsabbruch kommen, sobald sektiererische Positionen bedroht sind und ins Wanken geraten. In solchen Fällen ist eine einsichtsorientierte Psychotherapie nicht möglich, es sind dann nur unterstützende (supportive) Therapieangebote angezeigt.

In einer Therapie sollten nicht Glaubensinhalte nach ihrer Wahrheit beurteilt werden, vielmehr verhilft eine analytische Haltung dazu, die unbewusste Natur religiöser Überzeugungen zu respektieren. Ein Analytiker kann sich als Hilfsich zur Verfügung stellen, um vor allem paranoid-schizoide Glaubensmotive entgiften zu helfen. So können auch heilige Texte und Gleichnisse so ausgelegt und empfunden werden, dass Spielräume für Läuterung und für eine Empfindung für Gottes Gnade eröffnet werden. Indem Projektionen früher traumatischer Erfahrungen bewusst werden, kann man Patienten helfen, ihre Gottesvorstellung von strafenden und verfolgenden Elementen zu befreien und damit protektive Aspekte reifer Religiosität zu mobilisieren.

Es ist in der Therapie hilfreich, religiöse Einflüsse nicht als Konkurrenz zu sehen. Ob christliche Glaubensinhalte hilfreich sind, hängt vom Niveau der Überich-Entwicklung des Patienten ab. Es gibt einfache dualistische Vorstellungen von Gut und Böse, Himmel und Hölle, Gott und Satan, die bei Menschen, deren Überich-Entwicklung der präödipalen Zeit entspricht, überbetont werden. Manchmal kann eine Therapie helfen, zu reiferen Formen der Religiosität zu gelangen. Das Christentum bietet hierfür Begriffe und Gleichnisse: das Gleichnis vom verlorenen Sohn, die Bergpredigt, das Gebot der Nächstenliebe, die Ausführungen von Paulus über die Liebe, all dies sind markante Schriftstellen, die die Dominanz von Liebe über den Hass, psychoanalytisch ausgedrückt von Libido über den Todestrieb, zum Ausdruck bringen.

Wenngleich Seelsorge und Psychotherapie von gänzlich unterschiedlichen

Positionen herkommen, gibt es in der Praxis größere Überschneidungsbereiche, ebenso wie zwischen dem paulinischen Begriff der Liebe und dem Libidobegriff Freuds. Ferner sei daran erinnert, dass die klassischen Kardinaltugenden Glaube, Liebe und Hoffnung sowohl in der Seelsorge als auch in der Psychotherapie hilfreiche Voraussetzungen für eine vertrauensvolle Beziehung sind. Sie sind durch das konventionelle Christentum und eine kleinbürgerliche Moral, bei der Sekundärtugenden überbetont werden, im Dritten Reich zu Unrecht mit verheerenden Folgen in Verruf geraten. Hilfreich ist es deshalb, keine intellektualisierte Entmythologisierung von konkret verstandenen Glaubensinhalten zu betreiben. Besser, als den Teufel paranoid-schizoider Glaubensinhalte mit dem Belzebub orthodoxer Psychoanalyse auszutreiben, ist es, zunächst den Patienten in seiner jeweiligen Glaubenswelt abzuholen und kein (negatives) Urteil über die Existenz Gottes oder die Gültigkeit religiöser Systeme im Allgemeinen abzugeben. Dazu gehört es, die Persönlichkeitsakzentuierung im Kontext der Affinität des Patienten zu bestimmten Glaubensformen zu berücksichtigen. Eine solche notwendige Zurückhaltung kann für orthodoxe Analytiker ein unüberwindbares Hindernis für die Behandlung derartiger Patienten darstellen.

Literatur

Albani C, Gunzelmann T, Bailer H, Grulke N, Geyer M, Brähler E (2004) Religiosität und Spiritualität im Alter. Z Gerontol Geriat 37: 43–50.

Britton R, Feldman M, Steiner J (1997) Groll und Rache in der ödipalen Situation. In: Frank C, Weiß H (Hg) Perspektiven kleinianischer Psychoanalyse, Bd. 1 Tübingen (Edition discord).

Fenichel O (1945) Psychoanalytische Neurosenlehre. Bd. I–III. Olten, Freiburg (Walter).

Freud S (1907) Zwangshandlungen und Religionsausübungen. GW VII, 11–21

Freud S (1927) Die Zukunft einer Illusion. GW XIV, 325–389

Fuchs B (2000) Religiosität und psychische Gesundheit im Alter. In: Bäurle, P, Radebold H, Hirsch HD, Studer K, Schmid-Fustoss U, Struwe B (Hg) Klinische Psychotherapie mit älteren Menschen. Grundlagen und Praxis. Bern (Hans Huber) 236–243.

Kernberg O (2000) Einige Überlegungen zum Verhältnis von Psychoanalyse und Religion. In: Baseler M (Hg) Psychoanalyse und Religion – Versuch einer Vermittlung. Stuttgart, Berlin, Köln (Kohlhammer) 107–134.

Klein M (1940) Die Trauer und ihre Beziehung zu manisch-depressiven Zuständen. In: Klein M (1989) Das Seelenleben des Kleinkindes und andere Beiträge zur Psychoanalyse. Reinbek (Rowohlt) 95–130.

Klein M (1946) Bemerkungen über einige schizoide Mechanismen. In: Klein M (1989) Das Seelenleben des Kleinkindes und andere Beiträge zur Psychoanalyse. Reinbek (Rowohlt) 131–163.

Koenig HG, Larson DB (2001) Religion and mental health: evidence for an association. Int Rev Psychiatry 13: 67–78.

Kohut H (1971) Narzissmus, eine Theorie der psychoanalytischen Behandlung narzisstischer Persönlichkeitsstörungen. Frankfurt (Suhrkamp).

Rohde-Dachser C (1986) Ringen um Empathie. Ein Interpretationsversuch masochistischer Inzenierungen. Forum Psychoanal 2: 44–58.

Stoloroff RJ (1965) Die narzisstische Funktion des Masochismus und Sadismus. In: Grünert H (Hg) (1981) Leiden am Selbst. Zum Phänomen des Masochismus. München (Kindler).

Van de Pol WH (1967) Das Ende des konventionellen Christentums. Wien Freiburg, Basel (Herder).

Weiß H (2004) Pathologische Hoffnung und allwissende Verzweiflung – Zur Rolle von Zeitlosigkeit in Borderline-Glaubenssystemen. In: Gerlach A, Schlösser AM, Springer A (Hg) Psychoanalyse des Glaubens. Gießen (Psychosozial-Verlag).

Korrespondenzadresse:
Dr. med. Bertram von der Stein
Quettinghofstraße 10 a
50769 Köln
E-Mail: *Dr.von.der.Stein@netcologne.de*

»Maria hat geholfen« –
Rückfall ins Mittelalter oder Therapiechance?

Bertram von der Stein (Köln) und Johannes Kipp (Kassel)

Maria
Ich sehe Dich in tausend Bildern
Maria lieblich ausgedrückt
Doch keins von allen kann Dich schildern
Wie meine Seele Dich erblickt.
Novalis

Zusammenfassung

Die Marienverehrung ist in katholischen Gegenden beheimatet und häufig ebenso unabhängig vom regelmäßigen Kirchgang, wie der Besuch von Wallfahrtsorten. Gerade bei Frauen, die eine schwierige Mutterbeziehung haben, kann das ideale Bild von Mutter Maria eine schützende und existenziell helfende Begleiterin im Leben sein. Sicher hängt es auch von der vorurteilslosen Aufmerksamkeit des Therapeuten ab, ob solche spirituellen Vorstellungen in der Therapie eine Bedeutung bekommen

Stichworte: Spiritualität, Religion, Marienverehrung, Triangulierung, gleichschwebende Aufmerksamkeit

Abstract: »Maria helped« –
Relapse to middle age or chances of therapy?

The Mariolatry is at home in Catholic regions and is frequently as independent of going to church regularly as visiting ever more important places of pilgrimage. Especially women, who have a complex relationship to their mother, can use the ideal picture of the Mother Maria as a protective and existential guide through life. Of course, it also depends on the open-minded attentiveness of the therapist whether such spiritual ideas play a significant role during therapy.

Key words: spirituality, religion, Mariolatry, triangulation, evently suspended attention

Einleitung

Die Zahl der Gottesdienstbesucher in der katholischen Kirche übersteigt mit Ausnahme von Weihnachten nur selten 15 % der registrierten Kirchenmitglieder. Die Gottesdienstbesucherzahlen sind inzwischen auf niedrigem Niveau konstant oder nur noch leicht rückläufig. Ein solcher Trend findet sich in katholischen Wallfahrtsorten wie Altötting und Kevelaer und kleineren Gnadenstätten, vor allem im süddeutschen Raum, nicht wieder. Diese Wallfahrtsorte haben ihre Bedeutung kaum eingebüßt. Unbehelligt von Aufklärung und Wissenschaftsgläubigkeit gibt es eine Form von Frömmigkeit, eine Volksfrömmigkeit, die sich nicht in einem regelmäßigen Kirchenbesuch zeigt und die offenbar das Unbewusste vieler älterer, aber auch jüngerer Menschen berührt.

Im 19. und 20. Jahrhundert entstanden neue Marienwallfahrtsorte wie Lourdes, Fatima und zuletzt Medjugorje in Bosnien. Der Schlager »Patrona bavariae« bringt diese Entwicklung in einer säkularisierten Form zum Ausdruck. In Köln stellen nicht selten Menschen, die sonst nicht viel mit der Kirche zu tun haben, und auch Nichtchristen gerne eine Kerze vor der Schmuckmadonna im Dom auf. Was für ein Bedürfnis kommt durch Wallfahrten oder solche Handlungen zum Ausdruck?

Es handelt sich um tief verwurzelte religiöse Vorstellungen und Erfahrungen, die in rituellen Formen wie Andachten, Segnungen, Prozessionen, Gebeten und Liedern zum Ausdruck kommen. Diese Praktiken schaffen religiöse Traditionen und erleichtern dem Einzelnen in der Gruppe oder Masse das religiöse Bekenntnis. Sie können sicherlich auch als ein massenpsychologisches Phänomen verstanden werden. Als Gefahr in solchen Vorstellungen steckt eine primitive vermeintliche Wahrheitserkenntnis, in der es eine Spaltung zwischen »nur Gut« und »nur Böse« gibt; magisches Denken und die Veräußerlichung innerer Konflikte mit dem Angebot einer (Schein-)lösung liegen hier nicht fern.

Die katholische Volksfrömmigkeit wird im besonderen Maße von der Marienverehrung geprägt. Man kann den Eindruck gewinnen, dass Maria die Dreifaltigkeit als mächtige weibliche Komponente ergänzt. Maria wird im Lukasevangelium und im 2.Jh. in apokryphen Evangelien erwähnt und ist schon in den ältesten Darstellungen in den Katakomben im 3. und 4. Jahrhundert dargestellt (Lexikon für Theologie und Kirche 1934). Im Mittelalter waren die meisten bedeutenden Kirchen in Europa Maria geweiht. Nachdem die Marienverehrung in der Reformation bekämpft wurde, lebten in der Zeit der Gegenreformation zahlreiche Wallfahrtsorte wieder auf oder entstanden neu (Mariazell, Maria Einsiedeln, Birnau am Bodensee, Ettal, Andechs, Kevelaer, Scherpenheuvel etc.). Im 19. Jahrhundert in der Romantik kam die Marienverehrung erneut zum Blühen. Das päpstliche Dogma der leiblichen Aufnahme Mariens von Papst Pius XII (1950) in den Himmel hat den Marienkult im 20. Jahrhundert noch einmal mehr zu einem festen Bestandteil katholischer Identität werden lassen.

Kritik am Marienkult, z.B. am sogenannten Marianismo, gab es vor allem von feministischer Seite, die sich gegen die Idealisierung der Virginität Mariens als Unterdrückungsmittel der patriarchalischen Gesellschaft wandte. Es ist hier aber nicht beabsichtigt, eine theologische oder politische Diskussion kontrovers weiterzuführen, sondern dem Phänomen nachzugehen, dass Maria gerade bei Älteren oft als gebetene oder ungebetene Co-Therapeutin in Psychotherapien auftritt. Dies wird aber nicht immer offensichtlich; oft haben selbst einfache Menschen eine Schamschwelle zu überwinden, über diese relativ weit verbreitete religiöse Praxis zu sprechen.

Natürlich ist die offizielle Kirchenbindung vieler Menschen auch in katholischen Gegenden und Städten oft gering. Auf den zweiten Blick sind jedoch in Psychotherapien nicht nur bei Älteren unbewusste religiöse Motive zu finden, wobei die Marienverehrung häufig eine größere Rolle spielt, als angenommen. Oft verbergen sich hinter lapidaren Rechtfertigungen Älterer wie z.B. »Eigentlich glaube ich ja nicht an die Mutter Gottes, aber eine gütige, Schutz gewährende Madonna beruhigt doch ungemein; man weiß ja nicht, vielleicht ist ja doch was dran, vor allem am Ende des Lebens.« Die vielen Namen Mariens weisen darauf hin, dass ihr Bild eine Projektionsfläche für zahlreiche Bedürfnisse vor allem aus der präödipalen Zeit darstellt: Mutter Gottes, Gottesgebärerin, Trösterin der Betrübten, Hilfe der Christen, Besiegerin des Satans, Jungfrau (mit unbefleckter Empfängnis), Helferin in der Not, Mutter vom guten Rat, Stella maris, Himmelskönigin, Magd des Herrn, schmerzreiche Mutter etc. Es ist kein Wunder, wenn viele Menschen, die traumatische Verluste und Mängel erleiden mussten, ihre Zuflucht bei einer solchen Vorstellung von Maria suchen. Der verstorbene Papst Johannes

Paul II, der als kleiner Junge seine Mutter verloren hatte, war beispielsweise ein glühender Marienverehrer.

Hier soll nun kurz dargestellt werden, wie sich Marienverehrung in Psychotherapien zeigen kann.

Fall 1

Die 1930 geborene Patientin hatte eine innige Beziehung zu ihrem Vater, während die Beziehung zur Mutter eher durch eine relative Abweisung gekennzeichnet war. Nach einem heftigen Streit mit ihrer 60-jährigen Tochter, der sie keine Finanzhilfe gewähren wollte, stellten sich bei ihr Angstzustände ein, die mit Schwindel und Fallneigung einhergingen. Bei Untersuchungen durch Neurologen, Kardiologen und Internisten wurde kein organisches Korrelat gefunden. Sie hatte über diese Zusammenhänge nachgedacht und zeigte eine durchaus differenzierte Therapiemotivation.

Die allein lebende Patientin, die sowohl ihre Mutter als auch ihren Ehemann bis zum Tode gepflegt hatte, begann nach einer ersten Therapiephase, die durch die Somatisierung der Konflikte gekennzeichnet war, sehr differenziert ihre Angst vor dem Verlassenwerden im biographischen Kontext durchzuarbeiten. Als ihr Vater 1942 beim ersten Fronteinsatz in Russland fiel, brach für die Patientin die bis dahin als heil empfundene Kindheit zusammen. In der Kriegszeit war die Versorgung der Familie schlecht, ihre Mutter musste auf dem Feld arbeiten, und sie wurde als Einzelkind zunächst sich selbst überlassen. Dann wurde sie von der 66-jährigen Großmutter versorgt, die nach einem knappen Jahr plötzlich und unerwartet an einen Schlaganfall verstarb, der in ihrer Gegenwart auftrat. Die Patientin schaffte es, sich mit den widrigen Umständen zu arrangieren, die Beziehung zur meist abwesenden Mutter blieb aber distanziert.

Als die Patientin 15 Jahre alt war, lernte sie einen 10 Jahre älteren Mann kennen, der aus Ostpreußen vertrieben worden war und auf der Flucht alles verloren hatte. Mit 17 Jahren wurde sie von ihm schwanger, kurz vor der Niederkunft heiratete sie ihn. Die Hochzeit fand im kleinsten Kreise statt, einerseits fehlte Geld für eine größere Hochzeitsfeier, andererseits sollte die Schande der »Mussehe« verdeckt werden. Von ihrem Mann, einem Maurer, fühlte sich die Patientin oft alleingelassen. Die Erziehung ihrer Tochter übernahm im Wesentlichen ihre Mutter, die verwöhnend mit ihr umging. Ihr Ehemann wurde im 49. Lebensjahr Frührentner und musste von ihr später nach einem Schlaganfall bis zu seinem Tod gepflegt werden.

In einer insgesamt 75 Stunden dauernden tiefenpsychologisch fundierten Psychotherapie entwickelte die Patientin zu mir eine vertrauensvolle und tragfähige Beziehung, in der die früheren Enttäuschungen durch die Mutter, die Tochter und vor allem durch die weiblichen Vorgesetzten durchgearbeitet werden konnten. Ferner gelang es, den frühen Tod des Vaters und ansatzweise ihre ödipale Verstrickung mit ihm zu bearbeiten und zu betrauern: Er hätte als Dritter die Situation mit der einerseits vernachlässigenden, andererseits als übergriffig geschilderten Muter einfacher gemacht.

Während der gesamten Therapie wurde deutlich, dass die Patientin, die bis ins Alter gesund geblieben war und beruflich trotz schlechter Voraussetzungen es zur Verwaltungsangestellten in einem großen Industrieunternehmen gebracht hatte, in Maria, der Mutter Gottes, eine imaginäre Ersatzmutter gefunden hatte. Auf dem Höhepunkt der Vaterübertragung kam es mir in der Therapie so vor, wie wenn ich in eine trianguläre Situation mit Maria geraten sei. Maria war ihr auch auf Grund ihres eigenen Schicksals nahe: sie war vorehelich schwanger, sie musste als Schmerzensreiche viel erleiden und wurde für sie die Helferin bei der eigenen Emanzipation. Dies wird in ihren Aussagen deutlich: »Schließlich hat die Mutter Gottes eine ganz große Rolle gespielt, eine viel bedeutendere als ihr Mann Josef.«

Am Ende der Behandlung gingen die anfangs geschilderten Symptome zurück. In der letzten Stunde ließ die Patientin durchblicken, dass sie in der Wallfahrtskirche St. Maria in der Kupfergasse in Köln eine große Kerze als Dank für die gelungene Therapie aufgestellt hatte. »Maria hat wie immer geholfen!«

Fall 2
Die 73-jährige Patientin kam in die Innere Abteilung eines Allgemeinkrankenhauses wegen eines entgleisten Diabetes mellitus. Zum Leidwesen der Schwestern und Ärzte verließ sie von heute auf morgen ohne erkennbare medizinische Ursache das Bett nicht mehr und behauptete, gelähmt zu sein. Ich wurde als psychiatrischer Konsiliarius gerufen.

In ihrem Zimmer standen zahlreiche Devotionalien, u. a. kleine Marienfiguren und Marienbilder aus Lourdes und Kevelaer. Die Dialekt sprechende Patientin berichtete über ihr schweres Leben. Sie sei als letztes von acht Kindern in einer niederrheinischen Bauernfamilie aufgewachsen, kurz nach ihrer Geburt sei ihre Mutter gestorben. Eine Tante habe danach die Versorgung der Kinder solange übernommen, bis der Vater nach zwei Jahren erneut geheiratet habe. Aus der zweiten Ehe des Vaters gingen vier weitere

Kinder hervor, die nach Aussage der Patientin stets bevorzugt wurden. Die Patientin erhielt keine Ausbildung, sie war als Magd auf einem Bauerhof und danach als Putzfrau beschäftigt. Zuletzt war sie Verkäuferin auf einem Markt weit über ihr 65. Lebensjahr hinaus. Nie hatte sich eine Partnerbeziehung ergeben, was sie sehr bedauerte, stattdessen zog sie die drei Kinder ihrer Nichte auf, die von ihrem Mann verlassen worden war.

Offensichtlich hatte die adipöse Patientin Vieles mit oraler Ersatzbefriedigung kompensiert. In letzter Zeit waren die Besuche der mittlerweile erwachsenen Nichten und Neffen etwas spärlicher geworden. Eine unterschwellige Vorwurfshaltung war hinter ihrer altruistischen Haltung zu erkennen. Die Patientin berichtete dann, als sie etwas Vertrauen zu mir gefasst hatte, von ihrer großen Leidenschaft für die Mutter Maria: »Die Mutter Gottes hat mir schon oft geholfen«. Zwar war es therapeutisch möglich, mit ihr im Rahmen fortgesetzter Konsiltermine einige ihrer Konflikte ansatzweise durchzuarbeiten. Dennoch blieb sie im Bett liegen.

Eine Krankenschwester griff die Idee einer Nachbarin der Patientin auf, Lourdeswasser, das diese Nachbarin mitbrachte, der Patientin ins Badewasser zu schütten. Ich empfand diese Vorstellung befremdlich und grenzüberschreitend, hielt mich aber mit meinen Äußerungen zurück. In einer ritualisierten Handlung schüttete schließlich die Krankenschwester das Lourdeswasser ins Badewasser der Patientin. Nach zwei Tagen konnte diese aufstehen. Der in die Behandlung involvierte Krankengymnast baute der Patientin eine goldene Brücke, indem er sich nicht kritisch zu diesem »Wunder« äußerte. Sie begann wieder normal zu gehen. Konsiliarische Gespräche fanden noch zweimal statt. Die Patientin hatte darum gebeten »mit dem freundlichen jungen Mann weiter plaudern zu dürfen«. In diesen Gesprächen berichtete sie, eine Votivtafel in der Kerzenkapelle in Kevelaer anbringen lassen zu wollen mit der üblichen Aufschrift »Maria hat geholfen«. Eine weiterführende Therapie lehnte die Patientin freundlich, aber bestimmt ab. Wie Mitarbeiter eines ambulanten Krankenpflegedienstes später berichteten, war die Patientin wieder selbstständiger geworden.

Fall 3

Die 74-jährige, sehr gediegen gekleidete, schlanke Patientin litt nach dem Tod der Mutter, die ein Jahr zuvor mit 95 Jahren verstorben war, an einer depressiven Verstimmung mit Beschwerden in der Herzgegend, die keinen organischen Hintergrund hatten.

Ihr Vater, ein Beamter, wurde 87 Jahre alt, ihre Mutter 95. Die Patientin war die Zweitälteste von 5 Geschwistern. Ein Bruder wurde katholischer Priester, die anderen Geschwister gründeten Familien und haben Kinder und Enkel. Die Patientin wuchs im traditionell katholischen Milieu Kölns in einer von der Kirche gebauten und beeinflussten Siedlung auf, in der hauptsächlich mittlere Beamte wohnten. Regelmäßige Gottesdienste und Andachten sowie enge Kontakte zu Geistlichen prägten die Kindheit. Die Patientin war ihr ganzes Leben lang in der katholischen Gemeinde aktiv: in ihrer Jugend als Gruppenleiterin, dann als Pfarrjugendführerin und später im Kirchenvorstand. Maria, die Mutter Gottes, war für sie immer ein großes Vorbild: Aufopferung für andere, altruistische Abtretung, Keuschheit, Leidensfähigkeit einerseits und Initiative sowie Führungsbereitschaft andererseits waren »marianische Ideale«, denen sie nachkam. Der Zugang zum anderen Geschlecht gelang der ödipal an den Vater gebundenen Patientin nicht. Angebote junger Männer, die sich um sie als attraktive junge Frau bemüht hatten, wies sie ab mit dem Argument, sie habe die Berufung zur Lehrerin und zur Sorge für ihre Angehörigen, man könne nicht zwei Herren dienen.

Die sehr differenzierte und gebildete Patientin lebt alleine und hatte sich zeitlebens wenig von den Eltern separiert. Die Beziehung zur Mutter sei korrekt, aber wenig emotional gewesen, schon früh hatte Maria in täglichen Gebeten die Funktion einer idealen Mutter. Als intelligentes katholisches Mädchen wurde sie Lehrerin, blieb unverheiratet, machte Karriere, wurde Rektorin einer Grundschule und kümmerte sich um die Versorgung ihrer hochaltrigen Eltern und um die Kinder ihrer Geschwister. Nach dem Tod der Mutter war sie in »ein Loch« gefallen. Besser ging es ihr nur, wenn sie zeitweise die kleinen Kinder ihrer Nichten und Neffen betreuen konnte.

In der tiefenpsychologisch fundierten Psychotherapie betrauerte die Patientin verpasste Lebenschancen und lernte, zu der Wut auf ihre Mutter und ihren Vater zu stehen, ohne diese total zu entwerten. In der Übertragung war ich für die Patientin der Lieblingsneffe, der Vater und andeutungsweise auch der nie vorhanden gewesene Partner. Die Auseinandersetzung mit ihrer Marienverehrung half, den unausgesprochenen Konflikt mit ihrer als kalt und unempathisch geschilderten Mutter durchzuarbeiten. Auch ihre lebenslang unterdrückte Sexualität konnte Thema werden. Gleichwohl konnte die Patientin auch das Gelungene ihres Lebens anerkennen. Sie war immer bestrebt, »das Kind nicht mit dem Bade auszuschütten«. So blieb sie im deutschen Lourdesverein aktiv und intensivierte dort ihre Kontakte. Eine »platonische Beziehung« zu einem pensionierten Gymnasiallehrer, dessen Frau gestorben war, half ein wenig, über verpasste Chancen einer Partnerschaft in früheren Lebensphasen hinwegzukommen. Der Patientin gelang es, ihren Lebensweg kritisch zu reflektieren, ohne in der Anklage gegen die Eltern stecken zu bleiben oder ihr vertrautes Milieu zu verlassen. Sie konnte vorhandene Ressourcen nutzen. Ihre Symptome gingen allmählich zurück, und die Marienverehrung half ihr weiterhin über manche Enttäuschungen des Alters hinweg.

Psychodynamische Funktion der Marienverehrung

Wie wirkt sich eine religiöse oder spirituelle Einstellung auf die konkrete Lebenssituation aus und welche Bedeutung hat sie in der Therapie? In den 3 Fällen wird deutlich, dass die alt gewordenen Frauen eine problematische Mutterbeziehung hatten und dass sie schon z. T. im früheren Leben dieser problematischen Mutter die ideale Mutter Maria an die Seite gestellt hatten, die sie durch das Leben begleitete und schützte. Auch jetzt in der Krankheit steht in der Vorstellungswelt Maria wieder hilfreich zur Seite.

Man muss davon ausgehen, dass es diesen Frauen im Leben gelungen ist, durch die emotionale Besetzung des Bildes von Maria die Wünsche und Enttäuschungen gegenüber der Mutter zu reduzieren, um über eine solche Ersatzbeziehung ein positives Verhältnis zur Mutter zu behalten.

Welche Auswirkung hat dies auf die Therapie. Sicher gelingt es den Frauen mit dem inneren Bild von Maria, sich nicht voll und ganz auf die therapeutische Situation einzulassen und sich von ihr ganz abhängig zu fühlen. Insoweit stellt die Marienverehrung vielleicht ein Therapiehindernis dar. Sicher wird durch eine solche Marienverehrung auch mit bestimmt, welche Übertragungskonstellationen sich in der Therapie ergeben. Wenn in der Vorstellung schon eine ideale Mutter Maria vorhanden ist, besteht dadurch vielleicht die Chance, dass eine reifere – d. h. trianguläre – Übertragungsbeziehung in der Therapie eingegangen werden kann. Gerade im zweiten Fall schien dies günstig zu sein, da hier primär eine starke Regression eingesetzt hatte, und zwar mit dem Rückzug ins Bett wie im Säuglingsalter, d. h. eine Regression, in der keine therapeutische Ichspaltung mehr möglich ist. Durch die Mobilisierung der Marienvorstellung (nämlich durch das Wasser aus Lourdes) ist es vielleicht möglich gewesen, überhaupt wieder in eine Situation zu kommen, in der Sprache und sprachliche Deutungen eine (symbolische) Wirksamkeit entfalteten.

Sicher wäre die Klärung der Frage therapeutisch auch sinnvoll, inwieweit die Marienverehrung Ausdruck latenter lesbischer Wünsche darstellt, die in der spirituellen Liebe zu der Jungfrau Maria ein Stück weit Befriedigung gefunden haben mag. Hier ergeben sich aber mehrere therapeutische Probleme: Mit älteren Patientinnen ist es nicht einfach, über homosexuelle Liebe zu sprechen, da diese stärker als im mittleren Erwachsenenalter tabuisiert ist. Ein solches Ansprechen hätte den Widerstand gegen eine Therapie sicher erhöht. In kurzen Therapien ist es häufig nicht sinnvoll, als männlicher Therapeut eine Mutterübertragung zu forcieren. In den dargestellten Therapien ging es darum, in der Vaterübertragung die psychische Situation zu stabilisieren.

Inwieweit die Marienverehrung auch dazu im Leben diente, sich von Männern zu emanzipieren, konnte in den kurzen Therapien nicht geklärt werden. Gleichwohl darf nicht übersehen werden, dass die hohe Wertschätzung Mariens in der patriarchalischen Gesellschaft schon im Mittelalter Frauen eine partielle Emanzipation ermöglicht hat. Zumindest hat sie, im traditionellen Rahmen eingebunden, bei der dritten Patientin eine berufliche Karriere ideologisch unterstützt.

Gleichschwebende Aufmerksamkeit und therapeutischer Umgang mit religiösen Themen?

Alle drei Fallgeschichten stammen vom Erstautor, der im katholischen Umkreis aufgewachsen ist und längere Zeit auch in katholischen Krankenhäusern gearbeitet hat. Der Zweitautor hat solche Biografien in Therapien nicht kennengelernt, in denen Maria oder andere Heilige eine ähnliche Bedeutung gehabt hätten. Dies kann aus unserer Sicht nicht allein damit begründet werden, dass der eine im katholischen Rheinland, der andere in Nordhessen arbeitet. Vielmehr ist es sicher auch ein Ausdruck des Zuhörens, der vorurteilslosen Aufmerksamkeit bzw. der Bereitschaft, die Mitteilungen über die Wirkung von Maria einfach so stehen zu lassen ohne den therapeutischen Impetus, die Beziehung zu Maria psychoanalytisch zu hinterfragen und beispielsweise in ihr ein lesbisches Ersatzobjekt sehen zu wollen.

In den dargestellten Fallgeschichten zeigt sich, dass die therapeutischen

Interventionen erfolgreich waren. Wenn es um kürzere, tiefenpsychologisch fundierte Therapien geht, ist es sicher sinnvoll, nicht Vorstellungen analysieren zu wollen, die im Leben der Patientinnen einen stabilisierenden Effekt hatten. Geht es aber um eine längerfristige psychoanalytische Behandlung, so ist es notwendig, auch solche Vorstellungen in den angebotenen Übertragungskonstellationen durchzuarbeiten. Eine Psychoanalyse kann als eine Folge von Fokaltherapien mit wechselndem Fokus (Thomä 1985) und wechselnder Übertragung verstanden werden, in der die Beziehung zu Maria sowohl in der Mutterübertragung reflektiert als auch im Sinne abgewehrter Beziehungswünsche durchgearbeitet werden kann.

Idealerweise sollte in einer erfolgreichen Psychoanalyse
- die Abwehr durchgearbeitet werden,
- ein gemäßigteres Über-Ich entstehen,
- die Ich-Funktionen gestärkt aus der Behandlung hervorgehen und
- pathologische Selbstaspekte überwunden werden.

Jeder Analytiker weiß, dass es keine Behandlung gibt, in der nicht Aspekte ausgeklammert und bruchstückhaft bleiben. Bei älteren Menschen mit religiösen Themen sind in einer begrenzten Therapiezeit solche idealen Ziele nicht zu realisieren. Dies kann leicht zum Fehlschluss führen, sie seien unanalysierbar, weil die Schwierigkeiten deutlich ins Auge fallen. Manchmal bewirken auch formelhaft vorgebrachte, religiös durchsetzte Abwehrmuster beim Therapeuten Aversionen, die den Widerstand des Patienten verstärken. Manchmal fühlen sich auch Therapeuten mit dem negativ konnotierten Gedankengut der eigenen Eltern und Großeltern konfrontiert, so dass ein Therapieabbruch auch daran liegen kann, dass es zu einem Gegenübertragungsagieren bei religiösen Themen kommt. In solchen Fällen können Therapeuten nicht davon ablassen, ältere Patienten vom Abwehrcharakter der religiösen Praktiken zu überzeugen. Dass auch differenzierte Patienten den Abwehrcharakter religiöser Motive sehen, aber dennoch ihre traditionelle Bindung nicht aufgeben, wird in solchen Fällen übersehen. Es gibt Patienten mit starrer Fassade, die analytisch dennoch erreichbar sind. Für eine Psychoanalyse gibt es keine Altersgrenze und es ist auch im Alter notwendig, nicht realisierte Wünsche, soweit sie nicht nachgeholt werden können (Radebold u. Schweizer 2001), zumindest zu betrauern.

Fazit

Die therapeutische Situation mit älteren Patienten muss so gestaltet werden, dass religiöse und spirituelle Vorstellungen zur Sprache kommen können. Auch wenn solche Vorstellungen Abwehrcharakter haben, sie aber im Leben eine stützende oder stabilisierende Rolle hatten, ist es sinnvoll, diese Vorstellungen unangetastet zu lassen und ihre Rolle im Leben positiv zu werten. Gerade bei depressiven Patienten, die häufig im Alter nach Verlusten sehr weit regredieren, ermöglichen solche religiösen Vorstellungen, dass eine trianguläre Übertragungskonstellation entsteht, die ein deutendes Arbeiten ermöglichen. Bei einer voranschreitender Analyse nehmen dogmatisch erscheinende Abwehrformationen an Starrheit ab, ohne dass sich der Analytiker durch zu frühe Deutung in einen unseligen Glaubenskampf begeben muss, schließlich liegt der Wahrheitsgehalt spiritueller Vorstellungen jenseits psychoanalytischen Denkens.

Literatur

Buchberger M (Hg) (1933) Lexikon für Theologie und Kirche LTHK Bd. VII. Freiburg im Breisgau (Herder) 886–902.

Radebold H, Schweizer R (2001) Der mühselige Aufbruch – Über Psychoanalyse im Alter. 2. Aufl. München, Basel (Reinhardt Verlag).

Thomä H, Kächele H (1985) Lehrbuch der psychoanalytischen Therapie. Bd. 1. Grundlagen. Berlin (Springer) 358ff.

Korrespondenzadresse:
Dr. med. Bertram von der Stein
Quettinghofstraße 10 a
50769 Köln
E-Mail: *Dr.von.der.Stein@netcologne.de*

Atheismus und Spiritualität als eine Grundlage der Identitätsregulation im Alter

Bernd Klose (Düsseldorf)

Zusammenfassung

Die im Alter zunehmende narzisstische Vulnerabilität erfordert Bewältigungsstrategien zur Sicherung des persönlichem Identitätserlebens. Spiritualität mit einem atheistischen intrinsischen Konzept kann vor dem Hintergrund erlebter Transzendenz als Bewältigungsstrategie dienen. Einige Überlegungen über einen älteren Mann kommunistischer Weltanschauung illustrieren diese Annahmen, hinzu kommen Überlegungen zur Funktion von Großgruppen.

Stichworte: Alter, Spiritualität, Atheismus, Transzendenz, Identität

Abstract: Atheism and Spriritualism as a Basis of Identity Regulation in the Elderly

Increasing narcicisstic vulnerability in the erlderly demands coping strategies to ensure feelings of personal identity. Spirituality with an atheistic intrinsic concept can serve as a coping strategy, regarding the background of experienced transcendency. Some speculations about an old man with a communistic attitude will illustrate these assumptions, including reflections on functions of large groups.

Key words: Elderly, spirituality, atheism, transcendency, identity

Begriffsbestimmungen

Alle Überlegungen, wie sich eine spirituelle Haltung alternder atheistischer Menschen psychodynamisch fassen ließe, führt schon bei den ersten Überlegungen zu einem jeder derartigen Hypothesenbildung immanenten Dilemma: Lehnworte aus anderen Disziplinen wie *Spiritualität* und *Atheismus*, in Vermischung mit eingängigen, aber meist unscharf definierten psychoanalytischen

Begrifflichkeiten, vermitteln eine scheinbare Klarheit, die klinische Phänomene illustrieren kann, aber viele Missverständnismöglichkeiten in sich birgt und eine präzise Diskussion erschwert.

Atheismus, sowohl ein Kampf- wie Ausgrenzungsbegriff als auch Gegenstand und Ergebnis philosophischer Reflexion (Minois 2000), soll hier in weiterem Sinne als Benennung der Abwesenheit eines Gottesphantasmas stehen, also ein Begriff, mit dem sowohl eine gezielte, kognitiv fundierte oder abwehrend rationalisierte Verneinung als auch eine kenntnisleere Agnostik bezeichnet wird.

Spiritualität wird hier als Form von Geistigkeit verstanden, in der Leben selbst eine Erscheinungsform des Geistigen ist, in Verbindung mit Transzendenz, einer zumindest teilweise Aufhebung von Begrenzungen der eigenen Person.

Sinnkrisen und Spiritualität

Die folgenden klinischen Überlegungen enthalten subjektive Gedanken aus Prozessen in Behandlungen und anderen Begegnungen, ohne Anspruch auf eine allgemeine Generalisierbarkeit, die sich entwickelten, wenn die Beteiligten bis zur Sinnfindungsebene berührt worden waren.

Die »Frage nach dem Sinn« stellt sich fast regelhaft in zwei Lebensperioden, in der Adoleszenz und im späten Lebensalter, jeweils gekennzeichnet durch heftige narzisstische Verwerfungen, die es zu lösen gilt und die keinen Krankheitswert per se besitzen. Die dynamische Verunfallungsgefahr des Selbst wird allein schon dadurch deutlich, dass im Alter ein Häufigkeitsgipfel der erlebten und ausgehandelten Suizidalität beschreibbar ist (Bertolote 2001). Eher gefestigte, innere Phantasmen tragen wie unmerklich weite Strecken der anderen Lebensphasen, es sei denn, man muss im Aktivitätsstrom innehalten, z.B. nach Verlusten, Erkrankungen, Versagungen und Versagen. Die persönliche Resilienz zeitigt dann Bewältigungsstrategien, zu denen auch eine spirituelle Vertiefung der eigenen Existenzdefinition gehören kann, ohne allerdings Spiritualität auf diese Funktion zu reduzieren.

»Als ich 63 Jahre alt wurde, entfernte man mich aus dem Beruf!« – so ein heute achtzigjähriger, vitaler Mann, der seitdem in wiederkehrenden Verstimmungen um seine Identität, auch um den buchstäblichen Erhalt der sinnlichen Erlebbarkeit seiner gegenwärtigen Seinsweise kämpft, und verzwei-

felte Einbrüche erlebt. Altern als beständiges Verlusterleben zu beschreiben, erfasst nur einen kleinen Teil der Dynamik, doch die bio-psycho-sozialen Veränderungen mit zunehmendem Alter summieren sich insgesamt zu einer umfangreichen Bewältigungsaufgabe, mit Verlusten in vielfältiger Form und unter zunehmend nicht mehr zu verleugnender Nähe des Endes der eigenen personalen Existenz.

Interpretation einer Begegnungsvignette

»Wenn die Not am größten, ist Gott am nächsten!« – eine altbekannte Volksweisheit mit leicht spöttischer, auch entwertender Konnotation. Was aber, wenn Gott als innere, begriffliche und bildhafte Referenz nicht existiert?

Mir fiel ein heute über 70 Jahre alter Mann ein, den ich vor einigen Jahren im Zusammenhang mit der schweren Demenzerkrankung seiner Lebenspartnerin kennenlernte. Selbst in einem durch Belastungen geprägten Leben von eigenen seelischen Krisen nicht verschont geblieben, war er sehr erschüttert und nahm einfühlsam Anteil an ihrem Leid, wohl wissend, dass sich die zukünftig lebbare Gemeinsamkeit immer mehr reduzieren würde. Später blieb er unerschütterlich und unverbrüchlich solidarisch mit ihr verbunden, auch, als sie ihn nicht mehr erkannte.

Diese Begegnung blieb mir wegen seiner plötzlich vorgetragenen inneren Zugehörigkeit in ausgesprochen lebendiger Erinnerung. Er sei Kommunist, besser gesagt Trotzkist der Vierten Internationale, überzeugt von der Idee des Internationalismus. Ich bin nicht in der Lage, die Komplexität seiner Haltungen vollständig zu würdigen, beeindruckend war eine tiefe, inbrünstige Überzeugung, mit der er seine mir nicht eben leicht zugänglichen Sichtweisen schilderte, der ganze Mensch schien förmlich zu glühen!

Diese Überzeugungen hatten ihn lange Jahrzehnte in allen Widrigkeiten getragen, mystisch klingende Ausführungen über die Bewegung der Vierten Internationale klangen wie der feierlich gesprochene Segen in einem Gottesdienst. Meine eigene religiöse Entwicklung legt mir diesen Vergleich nahe, als Symbol für einen Moment, in dem das überindividuell Bedeutsame und Verbindende im angebotenen Erleben transzendierend spürbar werden kann. Wenn er von diesem Vergleich wüsste, wäre er mir wohl eher gram, Gott, Religion und religiöser Ritus sind in seiner Anschauung bürgerliche

Reminiszenzen und werden für nicht relevant gehalten, doch da kann ich ihm nicht so einfach folgen.

Schnell wird in diesen Überlegungen die »Ideologie« zu einem Teil der Abwehr, zu einem Mechanismus des seelischen Erhalts und eben zur Bewältigungsstrategie für alles seelisch Krisenhafte. Das ist sicher nicht falsch, aber eben auch nicht alles. Zu zentral gehört seine Überzeugung zur seiner gesamten Seinsweise, zur Basis seiner Identität, als dass dieser rationale klinische Reduktionismus die Tiefe und Tragweite dieses Fundamentes vollständig würdigte.

Wir lernten uns nicht im direkten Behandlungszusammenhang kennen, eine im unmittelbaren therapeutischen Prozess überprüfbare Hypothesengenerierung über die feinere Ausprägung seiner psychodynamischen Regulationen fand nicht statt. Doch es blieb der ungewöhnliche Eindruck einer tiefen, quasi spirituellen Bewegtheit, die inhaltlich nicht um einen Gottesbegriff zentriert war.

Identität, Spiritualität und Transzendenz

Identitätsanteile werden spontan selten Gegenstand direkter Selbstreflexion, sie wirken unmerklich und verdeutlichen sich eher qualitativ als tragendes persönliches und vor allem kohärentes Seinsgefühl. Die Selbstreflexion kann schon eine Irritation dieses Kontinuitätserlebens anzeigen. So wurde in der inneren, zutiefst mit der eigenen Identität verbundene Überzeugungswelt des geschilderten Mannes ein eher missionarisches Verhalten mobilisiert, als er angesichts eines drohenden und schon allmählich eintretenden Verlustes sich seiner inneren Zugehörigkeit und Sinnhaftigkeit vergewissern musste. Dies ist beispielhaft für Prozesse, die jeder Mensch irgendwann zu gewärtigen hat, je älter, desto häufiger.

Transzendenz bezeichnet, bezogen auf den psychodynamischen Prozess, den Vorgang, eigene Ichgrenzen zu überschreiten, ohne die eigene Selbstkohärenz zu verlieren, ein derartiges Verschmelzungserleben soll im gesunden Fall nicht zum dauerhaften Realitätsverlust führen (Kernberg 1988). Jede Form von Ekstase, dionysisch erlebte Räusche und Momente tiefer Berührung spiegeln die menschliche Sehnsucht, momentan von sich selbst absehen und in einem anderen oder etwas anderem aufgehen zu können. Henseler definierte dieses, im Falle der aktuellen Suizidalität notfallmäßig regressiv und tröstend aktivierte Verschmelzungserleben als primären Urzustand, der die Geborgenheit eines quasi intrauterinen Milieus spiegele (Henseler 1974). Stillere Momente tiefer tranzendierender Berührtheit führen viele zu einem Bekenntnis, gespürt zu haben, dass es Gott gebe. »Das dabei Verbindende zwischen allen Menschen« sei immer wieder affektiv erinnerbar und oft genug von stabilisierender symbolischer Bedeutung für das weitere Leben.

Spirituelle Überzeugungen können diese Transzendenz beinhalten, als Bindung an göttliche Wesenheiten im Falle religiöser Überzeugung, vielleicht aber auch nur an eine anonymere, numinose (d. h. heilige) »höhere Macht«, erfüllt vom Wunsch, das Wirken dieser Gottheit solle die eigene Seele, den eigenen Geist komplettieren, erfüllen und läutern. Psychodynamisch versuchen Gläubige so, Selbstkohärenz und ihren affektiven Ausdruck, das Identitätsgefühl, zu stärken oder zumindest kompensatorisch das aktuelle »irdische Jammertal« in der Verheißung einer göttlich bestimmten besseren Zukunft zu ertragen.

Nach seiner Hintergrundideologie hielt es der geschilderte alt gewordene Kommunist wohl eher mit Heinrich Heine, mit dessen »… Eiapopeia vom Himmel, womit man einlullt, wenn es greint, das Volk, den großen Lümmel.« (Heine 1844). Heine entwarf gleich daran anschließend in »Deutschland – ein Wintermärchen« paradiesische Zustände auf Erden, wie in einer frühen sozialistischen Utopie. Das humanistische, idealisierende Phantasma von einer zukünftig erlösten diesseitigen Welt, voller Gerechtigkeit, erfüllt von solidarischer Schwester- und Brüderlichkeit ersetzt die jenseitige, theistisch geprägte Paradiesvorstellung. Allerdings ist diese Welt ganz und gar nicht die gegenwärtige, im Verweis auf die Zukünftigkeit ist sie zeitlich gesehen ebenfalls jenseitig. In diesem Entwurf weiß man sich mit Allen gleichen Sinnes verbunden, weltumspannend und in fundamentalistischer Wahrhaftigkeit. Äußere Opferbereitschaft ist Zeichen der inneren Transzendenz, der Idee zu dienen heißt, in ihr aufzugehen und somit von ihr zu leben, im Zweifel ist dann auch kein Preis zu hoch.

Jahrzehnte entwickelt, eingeschliffen und verfestigt wurde dieser atheistische Glaubenskanon beim geschilderten Mann zu einem konstituierenden Anteil seiner ständigen alltäglichen Identitätsregulation und im Alter Grundlage seiner erheblichen von innen her kommenden Widerstandskraft (intrinsischen Resilienz). In seinem Fall fällt es nicht so schwer, intrinsische und extrinsische Formen der Glaubenszugehörigkeit zu parallelisieren wie dies bei theistischer, auf Gott bezogener Religiosität (Fuchs 2000) oft der Fall ist. Die im Gruppenkontext einer gleich gesinnten Gemeinschaft ausgehandelte Überzeugung fußt auf einer tiefen inneren, tranzendentalen und dauerhaften Erfahrung, die in der Gewissheit von der Richtigkeit der Idee durchaus ihren spirituellen Charakter hat, frei von Heuchelei und in Äußerlichkeiten erstarrtem Verhalten. Ihn schützte sie in einer schicksalhaften schweren Erschütterung vor massivem Verlust- und Entwurzelungserleben, das seine Selbstkohärenz und sein Identitätsgefühl hätte massiv beeinträchtigen können.

Transzendenz, Identität und Großgruppenzugehörigkeit

In den bisherigen Hypothesen wurde theistische und atheistische Glaubensüberzeugung in ihrem spirituellen Gehalt parallelisiert und über die Bedeutung der in dieser Spiritualität wirksamen Transzendenz für Selbst- und Identitätserleben nachgedacht, als umfasse diese psychische Grenzdurchlässigkeit vor allem ein vergeistigtes dyadisches Erleben, eine bereichernde Erfahrung in einem ideellen Zwei-Personen-Stück.

Nur wenige leben allerdings als religiöse oder weltanschauliche Einsiedler, der Glaube an Gott oder eine metaphysisch gewordene Idee bildet immer auch ein Band, das Menschen gleicher Anschauung – in sekundär dann wieder identitätsstiftender Zugehörigkeit – umfängt. Im Hinblick auf die Regulation des Identitätsgefühls stehen intrinsische Glaubensüberzeugungen und die sich damit einstellende Zugehörigkeit zur Gemeinschaft aller, die diese Haltung teilen, in einem dialektischen, von Seiten des Erlebensschwerpunktes gesehen hin- und herschwingendes (oszillierendes) Verhältnis. Die spirituelle Überzeugung verbindet mit anderen, die gelebte Handlungspraxis mit ihnen vertieft die persönliche Überzeugung und vice versa.

Großgruppen sind für die Identitätsstabilisierung metaphorisch mit einem Zelt verglichen worden, das die personale Identität überspannt und schützt (Volkan 1999). Dabei weben verschiedene »Fäden« vor allem projektiver Art dessen Textur. Geteilt werden in diesem Zelt z. B. Vorstellungen über tiefe Gemeinsamkeiten wie Herkunft, Eigenart, Vorstellungen über Ruhmesblätter und auch über gemeinsam Erlittenes. Diese Vorstellungen liegen jederzeit zur Identifikation und zur Enkulturation der nachrückenden Generation bereit und werden zur Reintrojektion im Sinne der geschilderten oszillierenden Identitätsstabilisierung genutzt.

Über diese Dynamik entstehen tiefe Empfindungen von Zugehörigkeit zu einem gemeinsamen Ganzen, das mehr ist als man selbst, das es weit über den eigenen Tod hinaus zu bewahren gilt. Im günstigen Fall ist es im Alter sehr tröstend, diese Art von Zugehörigkeit zu einer inneren und äußeren Heimat kontinuierlich erleben zu können und sich in einer Kette von Generationen zu wissen. Letztlich enthalten die geschilderten bewussten Inhalte eine unbewusste Unsterblichkeitsphantasie, die ein bevorstehendes Erlöschen der eigenen Existenz vorwegnehmend ungeschehen macht. Jede Art spiritueller Überzeugung kann auf dem Hintergrund dieser Prozesse gesehen werden, im geschilderten Begegnungsbeispiel eben auf dem Entwurf einer kommunistischen Utopie spezieller Prägung.

Zugehörigkeit wird von außen her (extrinsisch) gesichert durch Rituale und Teilnahme an symbolisch erfüllten Handlungssequenzen, die transzendierendes Erleben anregen – so auch durch das feierliche Intonieren der Internationale auf einer Parteisitzung. »Atheismus« als früherer Kampfbegriff steht auch für Ausgrenzung und Ausschluss, wie die Negativmatritze eines Positivbildes. Großgruppen stabilisieren sich auch über Feindbilder, »fremde« Gemeinschaften werden projektiv-identifikatorisch zu Trägern all dessen, was man bei sich nicht erträgt, zu Reservoiren von Negativanteilen der eigenen Identität, die in diesen externalisierten Depots wiederum jederzeit zur Verfügung stehen, besonders zu Abwehrprozessen.

Es ist leicht vorstellbar, welchen affektiven Nachhall allein das Wort »Kapitalist« im genannten Begegnungsbeispiel hervorrufen wird, als Symbol des abgrundtief Bösen, das keinen Platz in der eigenen Ideologie hat. Diese inneren, externalisierenden Reinigungsvorgänge schaffen unter Umständen erst die Voraussetzungen zu eigenen, spiritualitätsfähigen Seinsentwürfen mit erfüllendem und tröstendem Erleben von Transzendenz. Die Erfahrung ist bedrückend, dass kaum eine Großgruppe sich auf Dauer festigt, ohne projektiv ein zugehöriges Feindbild zu errichten.

Die Generation der heute Alten hat in jungen Jahren bitter erfahren müssen, welche katastrophalen Folgen derartige Dynamiken nach sich ziehen können, wenn sie im Großgruppenkontext real ausgehandelt werden.

Psychoanalyse als Bewegung

Die »analytische Bewegung« (Dührssen 1994) pflegte von Beginn an ein kritisch hinterfragendes Verhältnis zur Religiosität. Freuds kulturkritische Schriften entzauberten religiöse Entwürfe als Ausdruck kollektiven, abwehrbedingten Aberglaubens (Freud 1921), die Metapsychologie wird zum, durch Aufklärung und Erkenntnis bereinigten, philosophischen Surrogat überindividuell zutreffender seelischer Gesetzmäßigkeiten.

Historisch gesehen bildeten sich allerdings immer wieder Schulen, spalteten sich die analytischen Gruppierungen, gekennzeichnet und manchmal gezeichnet von umfassenden und allerklärenden Entwürfen seelischen Seins, die nicht nur konzeptionelle Folien zu Selbstentwürfen bieten, sondern wie aus sich selbst heraus wirken, ob nun durch bewussten Wissensgewinn – »Wo Es war, soll Ich werden!« – oder durch strukturellen Zuwachs etwa im Rahmen einer »umwandelnden Verinnerlichung« (Kohut 1971). So wird der Grat zwischen Verstehens- und Behandlungsmethode einerseits und einem geistigen Konstrukt mit Erlösungscharakter andererseits außerordentlich schmal.

Begriffe von einer »psychoanalytischen Kirche«, die in Anpassung an gesellschaftliche Systeme wie z. B. an die naturwissenschaftlich orientierte Medizin die aufklärerische Potenz der Psychoanalyse schlecht verwaltet habe und deren befreiend wirksame Entfaltung behindere, implizieren einen quasi religiösen Bedeutungsgehalt, den es eigentlich zu bewahren gelte (Dahmer 2007).

Ohne Schwierigkeiten lassen sich Prozesse der geschilderten Großgruppendynamiken auf die »psychoanalytic community« abbilden, die geeint und umfangen wird durch das Band des proklamierten geteilten Selbstverständnisses, einhergehend mit allen Folgen für die Identitätsbildung und deren andauernde Stabilisierung.

Durch Überzeugung und Zugehörigkeit bleibt man lebenslang Psychoanalytiker, doch wann hört man auf, Psychoanalyse praktisch auszuüben? Auch im Erleben »des Prozesses«, der analytischen Begegnung, scheinen Momente tranzendierenden Erlebens zu liegen, die kaum verzichtbar sind, weil sie den daran teilhabenden Analytiker ebenso vitalisieren wie den Analysanden selbst.

Schlussbemerkung

Der Versuch, intrinsisch-atheistische Seinsentwürfe in ihrer Spiritualität zu erfassen, erscheint dadurch möglich zu sein, dass sie reduktionistisch als eine durch Transzendenz gekennzeichnete Bewältigungsstrategie operationalisiert werden kann. Gerade die im Alter bedrohte Selbstkohärenz und das Identitätsgefühl zu sichern, sind Ziele dieser dynamischen Regulation. Der emotionale Gehalt dieser nüchternen These gruppiert sich um menschliche Sehnsüchte nach Spiritualität und Zugehörigkeit, die in der besonderen Erlebenssituation des höheren Alters zusätzliche Wichtigkeit gewinnen können, aber insgesamt eine menschliche Lebensbedingung spiegeln.

Literatur

Bertolote JM (2001) Suicide in the world: an epidemilogical overview 1959–2000. In: Wasserman D (Hg.) Suicide – An Unnecessary Death. London (M Dunitz) 3–11.

Dahmer H (2007) Die Verfemung der Psychoanalyse – Motive und Folgen. Werkblatt 59: 3–29.

Dührssen A (1994) Ein Jahrhundert psychoanalytische Bewegung in Deutschland. Göttingen (Vandenhoeck & Ruprecht).

Freud S (1921) Massenpsychologie und Ich-Analyse. GW Bd. 13, 71.

Fuchs (2000) Religiosität und psychische Gesundheit im Alter. In: Bäurle P et al. (Hg) Klinische Psychotherapie mit älteren Menschen. Grundlagen und Praxis. Bern (Verlag Hans Huber) 235–243.

Heine H (1844) Deutschland – ein Wintermärchen. Frankfurt/M 2005 (Insel TB).

Henseler H (1974) Narzisstische Krisen: Zur Psychodynamik des Selbstmords. Reinbek (Rowohlt).

Kernberg OF (1988) Innere Welt und äußere Realität. Frankfurt/M (Verl. Int. Psychoanalyse) 331f.

Kohut H (1971) Narzissmus. Frankfurt/M (Suhrkamp).

Minois G (2000) Geschichte des Atheismus: Von den Anfängen bis zur Gegenwart. Weimar (Böhlaus Nachfolger).

Volkan VD (1999) Das Versagen der Diplomatie – Zur Psychoanalyse nationaler, ethnischer und religiöser Konflikte. Gießen (Psychosozial-Verlag).

Korrespondenzadresse:
Dr. med. Bernd Klose
Römerstr. 4
40476 Düsseldorf
E-Mail: *kontakt@klose-psa.de*

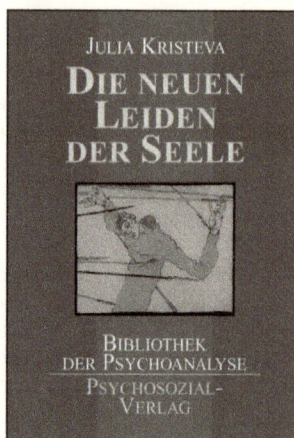

Ist Psychotherapie älterer Migranten islamischen Glaubens durch Therapeuten des gleichen Kulturkreises immer vorteilhaft?

Bahman Rahnema (Erftstadt)

Zusammenfassung

Entgegen der allgemeinen Vorstellung, (ältere) Migranten islamischen Glaubens bevorzugt bei Psychotherapeuten des gleichen Sprach- und Kulturkreises in Therapie zu bringen, ist meiner Erfahrung nach die Behandlung bei einem Therapeuten, der nicht denselben kulturellen Hintergrund hat (also z. B. bei einen deutschen Arzt) zu bevorzugen, da kulturbedingte Störungen weitgehend vermieden werden. Die in der Therapie von Migranten oft gezeigte Anspruchs- und Demutshaltung wird bei Therapeuten, die ihrer Kultur fremd gegenüber stehen ebenso relativiert wie ihre Schicksals- und Gottgläubigkeit, da sie keinen Widerhall finden.

Stichworte: Sprache der Psychotherapie, Anspruchshaltung, Höflichkeitsfloskeln, Demutsgesten, Fatalismus, Gottgläubigkeit, Abwehrverstärkung, fremder Arzt

Abstract: Is psychotherapy with elderly Muslim migrants advantageous when conducted by therapists of the same culture?

Contrary to the general idea that it is preferable to have (older) migrants with Islamic beliefs treated by psychotherapists of the same language and culture, I have experienced that the treatment by therapists who do not share the same cultural background (e.g. a German doctor) should be preferred because disruptions caused by cultural reasons can be avoided to a large extent. Migrants tend to have a sense of entitlement and humility in therapy, which is relativized when they consult therapists who are strangers to their culture as well as to their belief in fate and God, since these values are not shared.

Key words: language of psychotherapy, sense of entitlement, polite nothings, gestures of humility, fatalism, faith, defence reinforcement, unknown doctor

Problemstellung

Im Laufe meiner über 24-jährigen nervenärztlich-psychotherapeutischen Tätigkeit ist die Zahl der Migranten islamischen Glaubens als Patienten in meiner Praxis stetig zurückgegangen. Dies hat m. E. mehrere Gründe:

Einmal, durchaus selbstkritisch, liegt es an meiner Unfähigkeit, das in Deutschland bzw. in deutscher Sprache erworbene psychotherapeutische bzw. psychoanalytische Vokabular in adäquater Weise in die Sprache der Migranten zu übertragen. Meine Versuche diesbezüglich waren offensichtlich unzureichend und unzulänglich und führten damit zu einem entsprechend dürftigen Ergebnis. Die Sprache der Psychotherapie und das Aufzeigen von psychodynamischen Zusammenhängen führten in den therapeutischen Sitzungen nicht selten zu Irritationen oder gar zu lustigen Scenen, letztlich mit unbefriedigendem Ausgang für beide Seiten.

Hinzu kam eine besondere Anspruchshaltung der Migranten, die quasi aus der landsmannschaftlichen Nähe resultierte. Ich wurde hier häufig weniger in meiner Funktion als Therapeut, sondern mehr als Landsmann und vielfach wie eine Art »Familienmitglied bzw. Verwandter« wahrgenommen. Letztlich tangierte dies meine Neutralität und stand dem therapeutischen Prozess stets störend im Wege.

Teilweise damit zusammenhängend sind die zahllosen Höflichkeitsfloskeln, mit denen ich am Anfang der Therapie oft maßlos überschüttet wurde. Mit diesen war eine unterschwellige Anspruchshaltung verbunden, die durch die Höflichkeitsrituale verbrämt wurden. Sie schafften Distanz und erschwerten eine tragfähige therapeutische Beziehung.

Die extreme Höflichkeit, die teilweise an eine Demutshaltung grenzt, ist allerdings als fester Bestandteil der Mentalität und Tradition der Migranten dieses Kulturkreises zu verstehen, deren Eindämmung oder gar Zurückweisung zu einer massiven Kränkung führen kann.

Die auch nonverbal durch Gestik, Mimik und Körperhaltung zum Ausdruck gebrachte Höflichkeit ist übrigens über die Grenze des Orients hinaus, fast im gesamten asiatischen Raum zu beobachten. Am besten wird diese sichtbar bei der Begegnung und Begrüßung in der Öffentlichkeit; dabei wird der Körper als Zeichen von Respekt und Demut häufig tief nach vorne gebeugt. Die Höflichkeit (verbal oder nonverbal) ist als distanzwahrender Abwehrmechanismus bei älteren Migranten meist sehr stark ausgeprägt und persistiert nicht selten hartnäckig. Bei den jüngeren hingegen verliert sie oft schon in den ersten therapeutischen Sitzungen an Schärfe und Intensität.

Ein weiterer Störfaktor ist die oft vorhandene fatalistische Mentalität, die den therapeutischen Prozess tiefgreifend beeinflusst. Hier fällt ebenfalls ein deutlicher Unterschied zwischen älteren und jüngeren Migranten auf: Je älter ein Migrant ist, umso fester verankert sind seine fatalistische Auffassungen über Einflüsse und Auswirkungen von »kismet« oder dergleichen.

Analog zum lateinischen Spruch »medicus curat, natura sanat« existiert im Arabischen als das Sprichwort »Der Arzt behandelt, Allah heilt«. Hierbei wird m. E. eine Ambivalenz gegenüber der Psychotherapie sichtbar, der eine abwehrverstärkende Rolle zukommt. Ein Arzt, der beispielsweise eine Pille verschreibt, behandelt und erfüllt so seine Funktion als Behandler, der Rest ist die Sache des Gottes bzw. Allahs, der letzten Endes die Heilung, »das Heil« (er)bringt – oder auch nicht! In der Psychotherapie ist dies jedoch ganz anders. Der Therapeut verordnet keine Tabletten, sondern begibt sich gemeinsam mit dem Patienten »auf eine Reise in die Vergangenheit, Gegenwart und Zukunft« und auf die Suche nach Konflikten und deren Lösungsmöglichkeiten.

Im psychotherapeutischen Setting ist also der Patient auch selbst auf den Plan gerufen, aktiv mitzuarbeiten, wodurch allerdings die Definition und Funktion des Behandlers für den Patienten sich verändert und unpräzise wird. Insofern kann der Behandlungsprozess durch die beschriebene Rollen- und Kompetenzverwirrung (Therapeut, Klient, Gott) äußerst irritierend wirken.

Mit dieser für den Patienten undurchschaubaren »Methode« tastet man sich im Laufe der Therapie an Regionen heran, die angstbesetzt und wegen ihrer psychosexuellen Brisanz weitgehend tabuisiert sind. Wenn eine psychische Störung bzw. eine Krankheit als kismet und damit als gottgewollt akzeptiert wird, ist deren Heilung eher im Spirituellen oder im Gebet zu suchen als in der Psychotherapie. Dies bedeutet aber für den Patienten ein Abfinden mit dem »Ist-Zustand«, was letztlich auch eine Erleichterung und Minderung der Symptomatik herbeiführen kann.

Therapeutische Möglichkeiten

Die allgemein vorherrschende Vorstellung, dass es für die Psychotherapie von Migranten vorteilhaft ist, durch einen Therapeuten behandelt zu werden, der auch einen entsprechenden Migrationshintergrund hat, teile ich auf Grund der aufgezeigten Probleme nicht. Obwohl ein solcher Therapeut sich sprachlich besser verständigen kann, die Mentalität kennt und sicher auch die soziokulturellen Umstände besser versteht, ist nach meiner Erfahrung bei Migranten zumindest im nervenärztlich-psychiatrischen Bereich ein fremder, sprich deutscher Arzt durchaus zu bevorzugen. Durch die Rückmeldung meiner Patienten selbst und ihrer Freunde und Angehörige werden meine Erfahrungen gestützt.

Im psychosomatischen Bereich, in dem die körperlichen Beschwerden symptomatisch im Vordergrund stehen, bietet die Behandlung bei einem deutschen Arzt Vorteile. Bei ihm relativieren sich z. B. Anspruchshaltung und übermäßige Höflichkeit, da diese wegen seiner Unkenntnis der Bräuche und Traditionen im Ursprungsland keinen Widerhall finden.

Insofern wird ein Migrant von vorneherein versuchen, in einem anderen Muster mit dem Arzt in Beziehung zu treten. Die schicksalsgläubige, mit Gott in Verbindung gebrachte Einstellung des Migranten islamischen Glaubens bezüglich der Krankheiten wird weitgehend ausgeklammert, zumal der Patient davon auszugehen hat, dass er vom fremden Arzt zumindest in diesem Bereich nicht ganz verstanden wird. Gerade bei psychosomatischen Krankheitsbildern, die vermutlich den größten Teil der Konsultationen der Migranten ausmachen, ist eine Therapie bei einem »fremden« Arzt m. E. effizienter. Der Wegfall hemmender Faktoren schafft mehr Klarheit im therapeutischen Prozess, das Machbare wird besser herauskristallisiert. Der Patient vertraut dem Arzt in seiner Kompetenz als Behandler (der Symptome!) und nimmt dadurch seine Behandlung ernster. Während das (körperliche) Symptom behandelt wird, hat der Patient gleichzeitig die Chance, in seiner Spiritualität selbsttätig nach Heilung zu suchen. Bei schwer neurotisch gestörten Migranten bleibt allerdings weiterhin eine reguläre psychotherapeutische Langzeitbehandlung das Mittel der Wahl.

Korrespondenzadresse:
Dr. med. Bahman Rahnema
Im Schießendahl 32
50374 Erftstadt-Liblar
E-Mail: *DrRahnema@aol.com*

Kommt der »Himmel« im Laufe des Lebens näher? – Lebensalter und Spiritualität

Johannes Kipp (Kassel)

Zusammenfassung

Spiritualität als Gefühl oder Bewusstsein einer existierenden anderen Welt mit dem Gedanken der Unsterblichkeit ist in der Kindheit vorhanden, und zwar nicht nur bei gesunden, sondern auch bei leukämiekranken Kindern, die wissen, dass es um ihren eigenen Tod geht. Selbstmordattentäter nehmen für die »gute Sache« den Tod zum Teil lächelnd in Kauf – für eine andere, spirituelle Welt nach dem Tode. Mit zunehmendem Alter wächst der »Realismus« und bedeutsame Träume werden seltener. Krankheiten können aber bis ins hohe Alter auch als Botschaft verstanden werden und so die Möglichkeit zur Einkehr und Neuorientierung bieten.

Stichworte: Spiritualität, Religiosität, Krebskrankheit, bedeutsame Träume, Selbstmordattentäter

Abstract. Does the heaven get closer during the course of life? – Age and Spirituality.

Spirituality as a feeling or a consciousness of another existing world with thoughts of immortality exists in childhood. This occurs not only in healthy children, but also children with leukaemia, who know that it is about their own death. Some suicide bombers accept death with a smile knowing it is for a good cause – for another spiritual world after death. As one gets older the »realism« grows and meaningful dreams occur less often. Illnesses can be understood as a message even at an old age and are an opportunity for reflection and new orientation.

Key words: spirituality, religiousness, cancer, meaningful dreams, suicide

Einleitung und Begriffsbestimmung

Spiritualität und Religiosität werden vor allem im englischen Sprachraum häufig synonym gebraucht (Wikipedia 2007). Spiritualität als eigenständiger Begriff hat sich in der Abgrenzung zur Religiosität erst im Laufe der letzten Jahrzehnte entwickelt. Nach Meiers Taschenlexikon (2003) hat Spiritualität eines Menschen Auswirkungen auf die Gestaltung des individuellen Lebens: Spiritualität eines Menschen ist in dessen Glauben begründet und zeigt sich in dessen geistiger/geistlicher Orientierung und Lebenspraxis. Aus meiner Sicht ist dann von seiner spirituellen Lebenseinstellung auszugehen, wenn eine Form des In-der-Welt-Seins vorhanden ist, das von einem Gefühl oder Bewusstsein getragen wird, dass es außer der sichtbaren eine göttliche, geistige oder metaphysische Welt gibt, auf die man sich existenziell verlassen kann.

In der Medizin bekommt die Frage nach der spirituellen Einstellung von Menschen eine immer größere Bedeutung, da sich diese positiv auf Lebenserwartungen und Krankheitsverarbeitung auswirken soll (Ostermann 2006).

Wie kann man die spirituelle Einstellung von Menschen bestimmen und wie ist sie vom Lebensalter abhängig?

Inzwischen gibt es eine große Zahl von Fragebögen zum Thema Spiritualität/Religiosität, die vor allem aus dem Amerikanischen kommen. Diese Fragebögen beinhalten häufig Fragen nach kirchlichen und konfessionellen Aktivitäten. Untersuchungen zeigen, dass eine spirituelle Grundhaltung und eine religiöse Praxis einen günstigen Einfluss auf den Umgang mit Krankheiten haben. In Deutschland ist von einer Arbeitsgruppe an der Universität Herdecke ein Fragebogen zur Spiritualität entwickelt worden (Büssing 2006), der Aufschluss über vier Themenkomplexe oder Faktoren gibt, nämlich über:
1. die Suche nach sinngebender Rückbindung,
2. das Vertrauen in externe Führung (»höhere Macht«),
3. eine positive Krankheitsdeutung (»Krankheitsbotschaft«) und
4. den Support der Lebensbezüge durch Spiritualität.

Die Ergebnisse dieses Fragebogens sollen nicht von der kirchlichen bzw. konfessionellen Einstellung des Befragten abhängig sein. In einer Tabelle sind die Ergebnisse der Befragung von 832 Menschen in den verschiedenen

Lebensaltern mit diesem Fragebogen zusammengefasst. Die Zahlen geben auch Auskunft über den Zusammenhang von Spiritualität und Lebensalter:

Positive Aussagen zu Faktor 1 (Suche nach sinngebender Rückbindung) finden sich bei den Über-70-Jährigen deutlich seltener als in anderen Altersgruppen. Auch der Faktor 3 (Positive Krankheitsinterpretation) wird von den über Siebzigjährigen seltener bejaht; eine positive Krankheitsinterpretation ist in früheren Lebensaltern bei 2/3 der Befragten vorhanden.

Die Faktoren 2 (Vertrauen in höhere Führung) und 4 (Support der Lebensbezüge durch Spiritualität) verändern sich in Abhängigkeit zum Lebensalter dagegen wenig. Aufgrund dieser Fragebogenergebnisse kann zumindest gesagt werden, dass die spirituelle Ausrichtung von Menschen während des Erwachsenenlebens nicht zunimmt, sondern sogar im Alter teilweise noch geringer wird.

In einer repräsentativen Umfrage (Albani et al. 2004) wurden 593 über-60-jährige Menschen u. a. befragt nach religiösen Einstellungen und Praktiken sowie nach der erlebten sozialen Unterstützung in einer Glaubensgemeinschaft. Die Antworten zeigten, dass Frauen deutlich häufiger als Männer eine positive religiöse Einstellung haben. Die Befragten in den neuen Bundesländern sind weniger religiös als in den alten. In dieser Befragung der älteren Bevölkerung gab es auch einen geringen positiven Zusammenhang zwischen höherem Lebensalter und stärker ausgeprägter Religiosität. Bei den über-70-jährigen Befragten stand das funktionale Verständnis der Religiosität und weniger eine spirituelle Grundhaltung gegenüber dem Leben im Vordergrund.

Kirchgänger und Kirchentagsbesucher

Ohne auf publizierte Zahlen zurückgreifen zu können, ist offensichtlich, dass Kirchgänger überwiegend der älteren Bevölkerung angehören. Der Kirchgang gehört mehr zu ihrem Leben als zum Leben jüngerer Menschen. Diese positive Korrelation zwischen Kirchgang und Lebensalter ist wahrscheinlich auf die sich schnell verändernden gesellschaftlichen Bedingungen zurückzuführen und nicht darauf, dass mit zunehmendem Alter das Bedürfnis nach Religiosität stark ansteigt; in der Kindheit der jetzt Älteren war der Kirchgang sozial sehr viel mehr verpflichtend; ein Teil der jetzt Älteren hat sich den Kirchgang schon in jüngeren Jahren zur Gewohnheit gemacht, sicher auch weil sich dieser positiv auf ihr Leben ausgewirkt hat. Für diese Annahme sprechen auch Fragebogenergebnisse (Albani et al. 2004), aus denen deutlich wird, dass die Religiosität und Spiritualität in den neuen Bundesländern sehr viel geringer ist.

Schaut man jedoch nach Events wie den Kirchentagen oder den Treffen in Taizé (Wikipedia), so besteht die überwiegende Zahl der Besucher nicht aus Älteren, sondern aus Jugendlichen und jungen Erwachsenen. Spirituelle Aktivitäten wie Einkehr, Meditation etc. stehen bei diesen Treffen neben der Möglichkeit zur Begegnung im Vordergrund.

Aus der höheren kirchlichen Aktivität der Älteren kann also nicht geschlossen werden, dass ältere Menschen sich existenziell stärker auf eine spirituelle Welt verlassen als jüngere.

Traumleben und Spiritualität

Nicht alle Träume sind von gleicher Wichtigkeit. C. G. Jung unterscheidet »kleine« und »große« Träume (Jung 1945, 142). Genauer besehen seien die »kleinen« Träume die allnächtlichen Fantasiefragmente, die der subjektiven und persönlichen Sphäre entstammen. Bedeutungsvolle Träume werden oft ein Leben lang im Gedächtnis behalten, während kleine Träume schnell vergessen werden. In den »großen« Träumen kommen, nach Jung, symbolische Gebilde vor, denen man in der Geschichte des menschlichen Geistes begegnet. Diese Besonderheit gilt nach Jung vor allem für die Träume des Individuationsprozesses. Es sind in ihnen sogenannte mythologische Motive beziehungsweise Mythologeme enthalten, die Jung als Archetypen bezeichnet hat. Solche Träume ereignen sich nach Jung meist in schicksalsentscheidenden Abschnitten des Lebens, so in der ersten Jugend, in der Pubertätszeit, um die Lebensmitte und in der Erwartung des Todes (conspectu mortis).

Es entspricht auch meiner Erfahrung, dass Träume in der Jugendzeit häufig ein höheres Gewicht haben als Träume im Alter. Ältere Patienten berichten, dass sich in ihren Träumen oft Traumszenen aus dem jüngeren Erwachsenenalter wiederholen. Erst im vierten Lebensalter, in einer Lebenszeit, in der der Tod näherzukommen scheint, können Träume mit einem anderen existenziellen Charakter auftreten. So berichtete eine 85-jährige, schon etwas hinfällige Patientin beispielsweise, dass sie beim Aufwachen einen Hauch der Anwesenheit ihrer Mutter gespürt habe, zu der sie ein sehr enges Verhältnis gehabt hatte.

Nach C. G. Jung sind solche bedeutungsvollen Träume manifestes Zeichen eines spirituellen Erlebens. Da diese Träume vorwiegend nur bis zum mittleren Erwachsenenalter auftreten und vielleicht noch einmal vor dem nahenden Tode häufiger werden, kann nach diesen Ausführungen vermutet werden, dass Menschen mit dem Älterwerden in ihrem Traumerleben dem »Himmel« nicht näher kommen.

Spirituelle Einstellungen von Kindern und Erwachsenen.

Für Kinder von 4–5 Jahren ist der Tod etwas, was anderen zustößt. Die Endgültigkeit des Todes wird in diesem Lebensalter noch nicht zur Kenntnis genommen. In einer Befragung von 600 nicht-kranken Kindern im Rahmen einer Langzeitstudie (zit. nach Brocher 1993, 19) zeigte sich, dass die Vorstellungen über das Totsein sich im Laufe des Kindesalters verändern. Kinder im Alter von 5–6 Jahren stellen sich vor, dass Verstorbene in der gleichen Form für immer fortbestehen oder möglicherweise in anderer Gestalt ins Leben zurückkehren. Im Alter von 7 wissen die meisten Kinder dann, dass der Leib zerfällt. Im Alter von 8–9 Jahren beginnen Kinder an die Unsterblichkeit zu glauben, und zwar bis zu einem Alter von 13 oder 14 Jahren. Dieser Glaube geht danach, je nach Religionszugehörigkeit, mehr oder weniger schnell zurück.

Spirituelle Aussagen von krebskranken Kindern und Erwachsenen

Ich denke, dass ich nach dem Tod eine Wolke treffe und in den Himmel laufe.
Daniel (9 Jahre)

Während bei erwachsenen krebskranken bzw. leukämiekranken Menschen die Angst vor dem Ende, dem Tod, im Vordergrund steht, erwarten krebskranke Kindern häufig ein nachtodliches Leben, was die Angst vor dem Tod mindert. Beschäftigen sich Erwachsene, bei denen eine bedrohliche Krankheit vorliegt, erst im Rahmen dieser Krankheit mit Tod und Sterben, so hilft eine spirituelle Einstellung nicht, sondern ihre Furcht korreliert mit der Beschäftigung (Bauer 2005). Nur bei Menschen, die ihr Leben lang eine spirituelle Einstellung hatten, ist die Furcht vor Tod und Sterben bei einer lebensbedrohlichen Erkrankung geringer.

Es ist also davon auszugehen, dass die existenzielle Bedeutung der Spiritualität mit zunehmendem Lebensalter zurückgeht und der »Himmel« von der Kindheit bis ins Erwachsenenleben sich entfernt.

Selbstmordattentäter

»Jung ist er, sehr jung. Fast etwas Kindliches hat sein Gesicht noch. Doch trägt er bereits den Bart, den ihn als traditionell gläubigen Muslim ausweist. Jetzt ist er ruhig und gefasst. Mehr noch: er ist in Hochstimmung. Die Vorbereitungen sind fast abgeschlossen. 62 Stunden hat er nun allein verbracht. Ununterbrochen, Tag und Nacht, hat er durch lautes Beten und religiöse Gesänge sich in die jetzige Stimmung versetzt, jenen eigentümlichen Zustand, jene Mischung aus Trance und unnatürlich gesteigerte Präsenz. Doch nun ist er bereit. Er hat gebadet, sich den Kopf geschoren – das Zeichen des ›shahid‹, des Auserwählten, des Märtyrers für Allah. Nun kleidet er sich an. Es ist die Uniform der israelischen Streitkräfte. Und auch der Bart ist jetzt ab. Man wird ihn nicht erkennen, keinen Verdacht schöpfen. ... Noch ein letztes Mal wird er beten und sich dann mit den Helfern treffen, die ihn an den Ort seiner Bestimmung bringen. ... Er wird sterben, sterben in einem riesigen Feuersturm, sterben für Gott, für seinen Glauben und sein Volk. Und er wird viele, sehr viele seiner Feinde mit in den Tod reißen. Er ist glücklich. Er lächelt. ... « (E. Heiligsetzer 2002).

Die Autorin führt weiterhin aus, dass es sich bei solchen Attentaten keineswegs um spontane Kurzschlusshandlungen handelt. Selbstmordattentate sind jeweils bis ins kleinste Detail geplante Aktionen, die langer und intensivster Vorbereitung bedürfen. Augenzeugen berichten überraschenderweise nicht selten, der Attentäter hätte unmittelbar vor der Tat einen regelrecht vor Glück strahlenden Gesichtsausdruck gezeigt. Auch die bis vor einiger Zeit üblichen selbstgedrehten Abschiedsvideos der Attentäter für ihre Angehörigen bestätigen diesen Eindruck. Depression und Todessehnsucht scheinen somit als Motiv nicht in Betracht zu kommen. Der Opfertod für den Glauben ist nach islamistischer Ideologie vielmehr ein freudiges Ereignis, das Martyrium wird als Geschenk für Allah empfunden.

Wie alt sind diese Menschen, die sich auf diese Weise selbst in die Luft sprengen? Die jüngsten sind erst 15 Jahre alt, keiner von ihnen ist älter als 27 (Heiligsetzer 1998, 2002). Nach Wikipedia liegt das Alter des typischen palästinensischen Selbstmordattentäters zwischen 17 und 23 Jahren. Alte Männer wären viel weniger verdächtig, wenn sie sich einen Bombengürtel anziehen und unter die Menge mischen würden. Es sind aber nicht die alten Männer, die die Attentate aushecken, sondern die jungen, die offensichtlich noch von einer spirituellen Welt nach dem Tod überzeugt sind und sich für diese – aus unserer Sicht schrecklichen – Taten aufopfern.

Aus meiner Sicht spricht der Fakt, dass nur Jugendliche und junge Erwachsene zu Selbstmordattentaten bereit sind, dafür, dass eine spirituelle Welt in diesem Lebensalter noch eine existenzielle Bedeutung hat. Diese scheint mit zunehmendem Alter in den Hintergrund zu treten.

»Mensch, werde wesentlich!«
Krankheit als Wendepunkt im Leben

Schon bei den Fragebogenergebnissen wird deutlich, dass Erkrankungen nicht nur negativ interpretiert werden. Eine positive Krankheitsinterpretation findet sich immerhin nach diesen Ergebnissen bei 2/3 der Menschen, soweit sie noch unter 70 Jahren sind. Interessant an diesen Zahlen ist, dass die Sinnhaftigkeit der Erkrankung bei durchschnittlich 70% der an Krebs Erkrankten in einer ähnlichen Höhe wie bei Gesunden vorhanden ist, dass aber die Multiple-Sklerose-Erkrankten ihre Erkrankung weit weniger positiv sehen. Jedoch auch diese Patienten messen ihrer Erkrankung in 60% der Fälle immer noch einen positiven Sinn zu.

Erkrankungen, insbesondere schwere Erkrankungen, führen häufig dazu, über die eigene Existenz nachzudenken und zu klären, was wichtig oder unwichtig im Leben ist. Nach Fuchs (2000) trägt eine religiöse Interpretation des Leidens in der Regel nicht nur dazu bei, Schmerz leichter zu ertragen, sie kann auch eine neue Kreativität freisetzen, die eine Umwertung und Neubewertung des Lebens ermöglicht (240). Krankheitserfahrung kann also zur Umkehr oder Einkehr führen, sie scheint jedoch gerade bei älteren Menschen in geringerem Maße solche Auswirkungen zu haben, was vielleicht auch darin liegen kann, dass die älteren schon eine große Zahl von Krankheiten hinter sich haben.

Fazit

Während Kinder noch offen für eine spirituelle Welt sind, scheint deren existenzielle Bedeutung für Erwachsene zurückzugehen. Viele jetzt ins Alter kommende Menschen haben sich im Laufe des Lebens auch ganz bewusst von Kirche und Spiritualität verabschiedet. In der Therapie kann es vor allem in Lebenskrisen wichtig sein, an religiöse bzw. spirituelle Wurzeln zu erinnern. Bedrohliche Krankheiten können außerdem dazu betragen, die Bedeutung von Spiritualität im eigenen Leben neu zu bewerten. So wird wahrscheinlich auch eine spirituelle Sehnsucht aktiviert, wenn Menschen dem Tode nahe kommen. Therapeuten sollten für solche Tendenzen offen sein.

Literatur

Albani C, Gunzelmann T, Bailer H, Grulke N, Geyer M, Brähler E (2004) Religiosität und Spiritualität im Alter. Z Gerontologie Geriatrie 37(1): 43–50.

Bauer S (2005) Spiritualität und Furcht vor Tod und Sterben. Eine Untersuchung über den Zusammenhang von Spiritualität und psychischer Befindlichkeit und Furcht vor Tod und Sterben bei Patienten mit hämato-onkologischen Systemerkrankungen. Internet.

Büssing A (2006) Befragungsergebnisse zu spirituellen/religiösen Einstellungen, Bedürfnissen und Ausübungsformen von Patienten. In: Büssing A, Ostermann T, Glöckler M, Mattiessen PF (Hg) Spiritualität, Krankheit und Heilung – Bedeutung und Ausdrucksformen der Spiritualität in der Medizin. Frankfurt (VAS) 69–84.

Fuchs A (2000) Religiosität und psychische Gesundheit im Alter. In: Bäurle P et al. (Hg) Klinische Psychotherapie mit älteren Menschen. Bern Göttingen (Huber) 235–243.

Jung CG (1945) Vom Wesen der Träume. In: Jung CG (1990) Traum und Traumdeutung. München (dtv) 133–148.

Ostermann T (2006) Spiritualität und Religiosität: Konzepte, Messverfahren, Einflüsse auf Gesundheit und Krankheit – eine Literaturübersicht. In: Büssing A, Ostermann T, Glöckler M, Mattiessen PF (Hg) Spiritualität, Krankheit und Heilung – Bedeutung und Ausdrucksformen der Spiritualität in der Medizin. Frankfurt (VAS) 54–68.

Heiligsetzer Edda (1998) Von Marionetten, Helden und Terroristen. Islamisch-fundamentalistische Selbstmord-Attentäter in Israel. Abschnitt aus einer Magisterarbeit am Lehrstuhl für Soziologie (Prof. Peter Waldmann), im Internet veröffentlicht, Stichworte für die Suchmaschine: Heiligsetzer oder Hamas.

Brocher T (1993) Wenn Kinder trauern. Reinbek bei Hamburg (rororo).

Korrespondenzadresse:
Dr. med. Johannes Kipp
Felsengarten 9
34225 Baunatal
E-Mail: *johanneskipp@t-online.de*

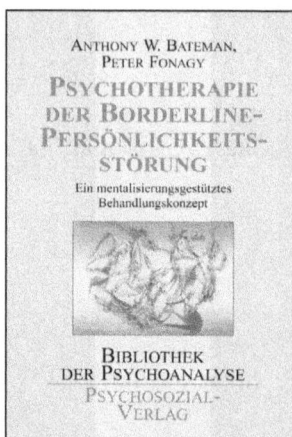

Die psychologische Beratungsstelle LiA – Leben im Alter – am Zentrum für Gerontologie der Universität Zürich

Bettina Ugolini und Brigitte Boothe (Zürich)

In den letzten Jahren ist infolge der demographischen Entwicklung die Aufmerksamkeit der Öffentlichkeit für das Thema »Alter und Altern« erheblich gestiegen. Seit 1998 besteht an der Universität Zürich ein interdisziplinäres Kompetenzzentrum für Gerontologie, das sich mit vielfältigen – darunter häufig gesundheitsbezogenen – Aspekten der individuellen und gesellschaftlichen Alterung beschäftigt. In der Arbeit des Zentrums wird auf die Verknüpfung von wissenschaftlicher Theoriebildung, Forschung, Praxis und Beratung grossen Wert gelegt.

An der Universität Zürich profitiert die Gerontologie von dieser Bündelung in einem Kompetenzzentrum, um die Anliegen von gerontologischer Forschung, praktischer Altersarbeit, älteren Menschen, gerontologisch Interessierten, Wirtschaft, Politik und Öffentlichkeit für einen produktiven Diskurs nutzbar zu machen.

1998 von der Universitätsleitung auf Anregung des »Zürcher Arbeitskreises für Gerontologie« aus Vertreterinnen und Vertretern der Universität und diverser Institutionen der praktischen Altersarbeit im Raum Zürich gegründet, fördert das Zentrum für Gerontologie (ZfG) heute die Forschung und Lehre auf allen Gebieten der Alterswissenschaften. Das Zentrum ist durch das interfakultär besetzte Leitungsteam aus der Philosophischen, der Medizinischen und der Theologischen Fakultät sowie durch rund 60 Mitglieder aus allen Fakultäten innerhalb der Universität Zürich gut vernetzt. Im Rahmen von Projekten, Veranstaltungen und Beratungen bestehen vielfältige Kontakte, so dass die Arbeit des Zentrums nie Gefahr läuft, die »Bodenhaftung« zu verlieren.

Im Jahr 2002 konnte nach einer ca. halbjährigen Phase der Konzeptualisierung die Beratungsstelle »*LiA – Leben im Alter*« eröffnet und in Betrieb genommen werden. Dazu stellte die Universität die Mittel für die Infrastrukturkosten zur Verfügung, während alle Personalkosten durch die Beratungsstelle selber getragen werden müssen. Die Beurteilung der aktuellen Situation alter Menschen ließ damals vermuten, dass ein psychologisches Beratungsangebot für Senioren und ihre Angehörigen nicht ausreichend vorhanden ist. Daraus resultierte die

Idee, diese Nische mit einer psychologischen Beratungsstelle am Zentrum für Gerontologie zu füllen. Die genaue inhaltliche Ausrichtung orientierte sich in erster Linie an den Bedürfnissen der Senioren, ihren Angehörigen und der Marktlage. Übergeordnet entscheidend war aber, dass diese Beratungsstelle eine Ergänzung der bereits bestehenden Angebote mit eindeutig psychologischer Ausrichtung darstellen sollte. Es sollten damit explizit keine Konkurrenzverhältnisse geschaffen, mit Schnittstellen zu anderen Beratungsangeboten musste aber gerechnet werden. Weiterhin wurde eine Vernetzung mit bereits bestehenden Beratungsstellen und sonstigen Altersinstitutionen angestrebt.

Zielsetzungen der Beratungsstelle

Die Beratungsstelle soll ein komplementäres Beratungsangebot für Seniorinnen und Senioren und ihr soziales Umfeld darstellen. Es geht hier um ein niederschwelliges Beratungsangebot rund um das Thema »Alter«. Dabei wird ein vielfältiges, flexibles Dienstleistungsangebot angestrebt, das eine breite Klientel anspricht. Intern und extern bereits bestehende Netzwerke sollten zur eigenen Vernetzung genutzt werden.

Struktur der Beratungsstelle

Die Beratungsstelle ist am Zentrum für Gerontologie angesiedelt und untersteht zwei Personen, einem Mediziner und einer Psychologin, aus dem Leitungsgremium. Geleitet wird sie von einer Psychologin mit gerontologischem und klinischem Hintergrund.

Zielgruppe der Beratungsstelle

Als Zielpublikum werden Personen über 55 Jahre in und um Zürich angesprochen, die zu Hause oder in einer Altersinstitution leben, eine psychologische Beratung benötigen oder sich konstruktiv mit dem Altern auseinandersetzen möchten. Eine zweite Gruppe rekrutiert sich aus dem sozialen Umfeld alter Menschen: Angehörige, professionell Betreuende, wie z.B. Pflegepersonal oder Ärzte und auch Freiwillige Helferinnen und Helfer.

Dienstleistungsangebot

Die Beratungen sind thematisch sehr vielfältig; sie können sich etwa auf akute Krisensituationen, auf die Lösung von Beziehungs- und Generationenkonflikten, auf die Unterstützung bei der Anpassung an eine neue Wohn- oder Lebenssituation, auf den Umgang mit einem demenzkranken Familienmitglied oder auf die Kommunikation im Dreieck Pflegepersonal – Bewohner/in – Angehörige beziehen. Zudem gibt es zur besseren Integration der Angehörigen in den Pflege- und Betriebsalltag das Angebot der Institutionsberatung.

Vernetzung der Beratungsstelle

Die Einbettung der Beratungsstelle in das Zentrum für Gerontologie sorgt einerseits für den Praxisbezug des Zentrums, andererseits für die wissenschaftliche Fundierung des Beratungsangebots. Da die Beratungsstelle sich finanziell selbst tragen muss, ist eine enge Vernetzung innerhalb und außerhalb der Stadt Zürich zur Sicherstellung des Angebots erforderlich.

Das Beratungsangebot für Personen in Altersinstitutionen wurde bereits von Beginn an in enge Zusammenarbeit mit den Pflegezentren der Stadt Zürich, dem grössten Anbieter von Pflegebetten in der Schweiz, entwickelt. Aktuell werden rund ein Drittel der Beratungen in den 10 Pflegezentren durchgeführt. Dazu zählen die psychologische Begleitung von Menschen in Krisensituationen, Beratungen und Begleitung von Angehörigen und Unterstützung des Pflegepersonals bei komplexen Pflege- oder Familiensituationen.

Der stadtärztliche Dienst ist ebenfalls ein enger Partner der Beratungsstelle. Der Chefarzt PD Dr. med. Albert Wettstein ist als Mitglied des Leitungsgremiums des Zentrums für Gerontologie damit beauftragt, die medizinische Aufsicht zu führen. Der Stadtärztliche Dienst ist für die medizinische Versorgung der Bewohnerinnen und Bewohner der Pflegezentren zuständig und damit bei ihrer Beratung ein enger Ansprechpartner.

Die Verbindung zum Lehrstuhl für Klinische Psychologie, Psychotherapie und Psychoanalyse wird durch die Lehrstuhlinhaberin Prof. Dr. phil. Brigitte Boothe als Mitglied des Leitungsgremiums des Zentrums und als psychologische Leitung der Beratungsstelle gewährleistet. Regelmässiger Austausch und Fallsupervisionen dienen der Weiterentwicklung und Qualitätssicherung des Angebots.

Die Beratungsstelle ist weiterhin mit den beiden grössten Memory Kliniken in der Stadt Zürich verbunden. So kommt es hier immer wieder zu Zuweisungen von Patienten mit einer Demenzdiagnose und ihrer Angehörigen.

Diverse Weiterbildungsinstitute nutzen den Bezug von Praxis und Forschung der Beratungsstelle, um diesen in ihre gerontologischen oder psychologischen Aus- und Weiterbildungen einfliessen zu lassen.

Verbindung zu Forschung

In der Beratungsstelle werden Erkenntnisse der Forschung zum Nutzen einzelner Personen umgesetzt und evaluiert. Bei Forschungsprojekten am Zentrum für Gerontologie werden die Mitarbeiter von *LiA* hinzugezogen, um Interessen der Praxis mit zu vertreten und Fragen der Praktikabilität mitzubeurteilen. Ausserdem stellt sie sich als Anlaufstelle für Probanden, die Beratung benötigen, zur Verfügung.

Zukunftsdimensionen

Nachdem *LiA* sich nun 5 Jahre als Beratungsstelle für das Stadtgebiet, aber auch weit über die Grenzen der Stadt Zürich hinaus bewährt hat, ist für die Zukunft geplant, das Angebot zu erweitern.

Auf inhaltlicher Ebene soll es zukünftig auch Angebote zur präventiven Auseinandersetzung mit dem Alter und den damit verbundenen möglichen Schwierigkeiten und Herausforderungen geben. Die Nachfrage nach Gruppenarbeit zur thematischen Auseinandersetzung mit altersrelevanten Konfliktfeldern ist im letzten Jahr deutlich gestiegen. In Zukunft soll beispielsweise durch gezielte Gruppenangebote zu den Themen *Weisheit im Alter*, *Beziehungsgestaltung bei Pflegebedürftigkeit eines Partners etc.* Rechnung getragen werden.

Strukturell sollen Einsätze für ForschungspraktikantInnen aus der Klinischen- oder Gerontopsychologie ermöglicht werden.

Korrespondenzadresse:
Dr. phil. Bettina Ugolini
Universität Zürich, Psychologische Beratungsstelle LiA
Sumatrastr. 30
8006 Zürich
E-Mail: *bettina.ugolini@zfg.uzh.ch*

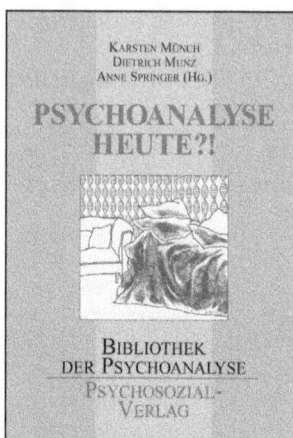

Ambulante Betreuung und Begleitung psychisch kranker älterer Menschen und ihrer Angehörigen durch den Sozialpsychiatrischen Dienst für alte Menschen (SOFA)

Hartwig von Kutzschenbach (Nürtingen)

Der Sozialpsychiatrische Dienst für alte Menschen wurde zunächst als Modellprojekt durch das Bundesministerium für Jugend, Familie, Frauen und Gesundheit von Oktober 1985 bis Dezember 1989 gefördert. Träger des Dienstes war und ist der Landkreis Esslingen, die verwaltungsmäßige Zuordnung erfolgte von 1985 bis 1996 zum Krankenhausdezernat; seit 1996 liegt die Zuständigkeit beim Sozialdezernat.

Während der Modellzeit umfasste das Versorgungsgebiet den Altkreis Nürtingen mit rund 180.000 Einwohnern. Seit 1990 wurde das Versorgungsgebiet stufenweise auf den gesamten Landkreis Esslingen mit heute 510.000 Einwohnern ausgeweitet.

Der Dienst hat acht Stellen, die mit elf Personen besetzt sind. Das Team besteht aus zwei Altenpflegerinnen und zwei Altenpflegern, einer Krankenschwester, drei Sozialpädagoginnen, einem Psychiater, einer Verwaltungsangestellten als zentrale Anlaufstelle und einem Diplom-Pädagogen als Leiter des Dienstes.

Die *Zielsetzung* der Arbeit des Dienstes bezieht sich auf die folgenden drei Bereiche:
1. Bestmögliche Patientenversorgung, vor allem der Schwer- und Schwerstkranken.
2. Entlastung und Unterstützung von Angehörigen.
3. Kompetenzerweiterung der professionellen und freiwilligen Helfer.

Weitere Ziele sind die Vernetzung der Hilfen für Patienten und Angehörige sowie der möglichst niedrigschwellige Zugang zu den Angeboten. Das SOFA sollte Teil der Regelversorgung werden.

SOFA hat folgende *Aufgaben*:
➤ Abklärung der Versorgungssituation von Patienten. Dabei sollen medizinisch-psychiatrische, pflegerische und/oder soziale Intervention selbst übernommen oder vermittelt werden,

> Beratung der Angehörigen in Zusammenarbeit mit den professionellen und/oder teilprofessionellen Helfern sowie deren Fort- und Weiterbildung,
> Gremienarbeit und
> Motorfunktion für die gerontopsychiatrische Entwicklung im Landkreis.

Die *Tätigkeiten* der Mitarbeiter von SOFA umfassen folgende Bereiche:

1. Durchführung einer umfassenden medizinische, pflegerischen und sozialen Diagnostik und Einschätzung der Patienten (gerontopsychiatrisches Assessment) sowie deren begleitende Betreuung durch Hausbesuche.
2. Begleitung von Angehörigen durch Einzelberatung und Angebote von Angehörigengruppen. Diese Angehörigengruppen sind offene Gruppen, die sich einmal monatlich für 1 1/2 bis 2 Stunden treffen. Insgesamt existieren 13 solcher Gruppen unter Mitwirkung von SOFA.
3. Fortbildung und fachbezogenen Beratung, z.B. in Form von Fallbesprechungen mit anderen Helfern. Dieses Angebot wird Mitarbeitern von ambulanten und (teil-)stationären Einrichtungen gemacht.
4. Die Zusammenarbeit mit anderen Institutionen in Bezug auf die Patienten und Angehörigen, sowie eine intensive Öffentlichkeitsarbeit sind weitere Tätigkeitsschwerpunkte.

Intern legen wir einen besonderen Schwerpunkt auf die multiprofessionelle Zusammenarbeit im Team. Wenn die Integration unterschiedlicher, beruflicher und persönlicher Wahrnehmungen und Einschätzungen in Bezug auf Patienten und Angehörigen gelingt, hat dies unmittelbar positive Auswirkungen auf den Patienten und sein versorgendes Umfeld. Auch aus diesem Grund werden die Erstkontakte bei Patienten in der Regel von zwei Mitarbeitern, möglichst mit unterschiedlichen Professionen, durchgeführt. Ein umfassendes multiprofessionelles Assessment dieser Art verhindert die Notwendigkeit von langwierigen »Nachklärungen« zu einem späteren Zeitpunkt. Eine patienten- und tätigkeitsbezogene Dokumentation wird durchgeführt.

Seit 2004 ist SOFA Teil des *Gerontopsychiatrischen Zentrums Nürtingen*. Das gerontopsychiatrische Zentrum besteht aus folgenden Bausteinen:

1. Sozialpsychiatrischer Dienst für alte Menschen.
2. (Geronto-)psychiatrische Institutsambulanz (integriert in SOFA, mit der zusätzlichen Möglichkeit der vorstationären Indikationsabklärung).
3. Memoryklinik (Gedächtnissprechstunde) in Einzelfällen.

4. Tagesklinik für ältere Menschen mit zurzeit 12 Plätzen.
5. Gerontopsychiatrische Motorfunktion (Kooperation, Vernetzung und Öffentlichkeitsarbeit).

Tabelle 1

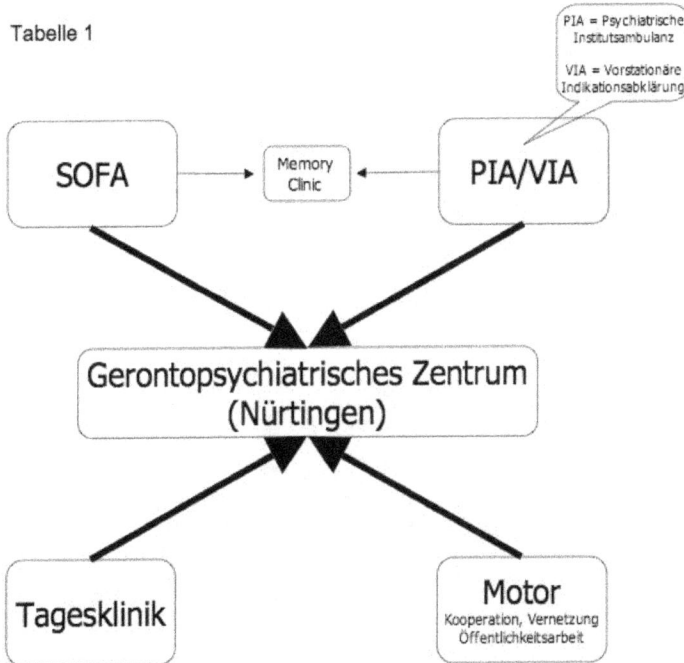

Die Schwerpunkte von SOFA im Bereich *Psychiatrie* sind
1. Ambulante gerontopsychiatrische Abklärung und Einschätzung.
2. Casemanagement bei Patienten, bei denen komplexe Betreuungs- und Versorgungslagen zu klären sind und entsprechende Hilfen und Maßnahmen eingeleitet werden müssen.
3. Betreuung von sog. »Hardcore«-Patienten, d.h. von Patienten, die aufgrund der Schwere der Erkrankung bzw. der Begleitsymptome (Suizidalität, Unruhe, Aggressivität, Verwahrlosung) nicht weiterverwiesen werden können.
4. Angehörigenberatung
5. Vorstationäre Indikationsabklärung zusammen mit der Institutsambulanz

Die Vorgehensweise von SOFA ist in der Tabelle 2 beschrieben. Zugangsvoraussetzung sind lediglich folgende drei Kriterien:

1. Älter als 60 Jahre (oder unter 60 Jahren bei Vorliegen einer Demenzerkrankung),
2. Wohnort im Landkreis Esslingen (Patient oder Angehöriger) und
3. Verdacht auf eine psychiatrische Erkrankung oder eine psychische Krise.

Tabelle 2

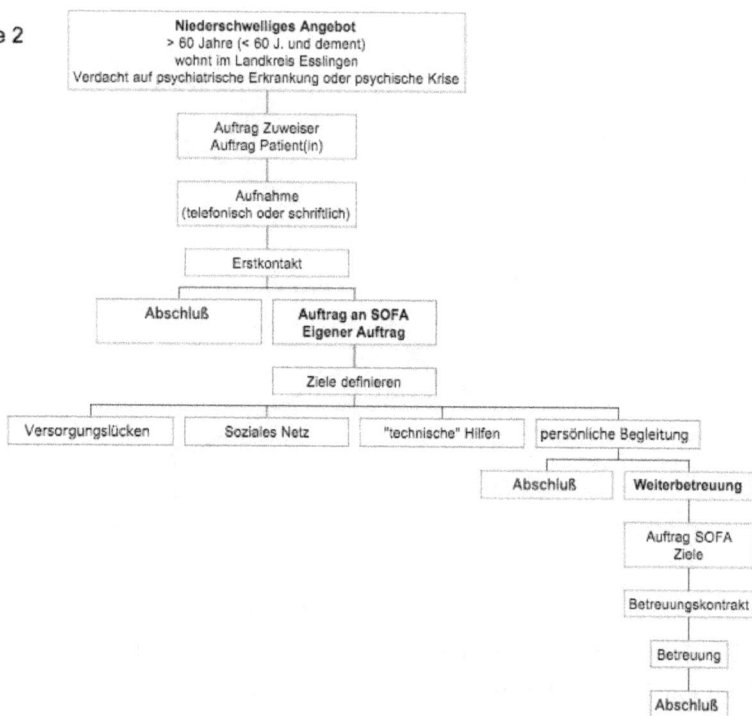

Der Kontakt wird entweder durch den Patienten selbst oder durch Dritte aufgenommen und die Anmeldung erfolgt telefonisch oder schriftlich. Dann wird ein Erstkontakt mit dem Patienten vereinbart. Obwohl die Nutzung von SOFA freiwillig ist, gibt es kaum Patienten, die einen Kontakt ablehnen.

Nach dem gerontopsychiatrischen *Assessment* kommt es dann entweder zu einem Abschluss der Intervention, wenn die Abklärung erbracht hat, dass keine weitere Hilfe erforderlich ist. Es erfolgt in jedem Fall eine Rückmeldung an den Zuweiser.

Sollte der Patient oder SOFA zu dem Schluss kommen, dass weitere Hilfen erforderlich sind, gilt es, die Ziele zu definieren und zu überlegen, welche der folgenden Bereiche zu optimieren sind:

➤ Versorgungslücken,
➤ soziales Netz,
➤ »technische Hilfen« und
➤ persönliche Begleitung.

Diesen Prozess bezeichnet man auch als *Casemanagement*. Die notwendigen Hilfen werden entweder durch SOFA selbst erbracht oder durch SOFA vermittelt. Sollten diese Hilfen ausreichend sein, endet die Betreuung hier.

Bei einer besonderen Schwierigkeit der Situation, der Notwendigkeit eines Kontaktes über einen längeren Zeitraum, um weitere Hilfen veranlassen zu können, oder wegen der Komplexheit der Gesamtsituation betreut SOFA Patienten auch langfristig.

Die Schwerpunkte von SOFA im Bereich der *Altenhilfe* umfassen folgende Bereiche:

1. Die Unterstützung und fachliche Begleitung örtlicher Angebote, z. B. im Rahmen von örtlichen Altenhilfeplanungen.
2. Regionenbezogener Aufbau von Besuchsdiensten bei Demenzkranken und anderen Patienten.
3. Schulungsreihen für Angehörige (neben der Einzelberatung und den Angehörigengruppen).
4. Zentrale Fortbildungsveranstaltungen für Nachbarschaftshelferinnen (landkreisweit).
5. Ausbau von Gruppenangeboten für spezielle Patientengruppen, z. B. depressiv erkrankte Frauen, psychisch kranke ältere Männer u. a.

Für das gerontopsychiatrische Zentrum ist zukünftig folgende Arbeitsweise geplant:

Tabelle 3 **Gerontopsychiatrisches Zentrum (zukünftige) Arbeitsweise:**

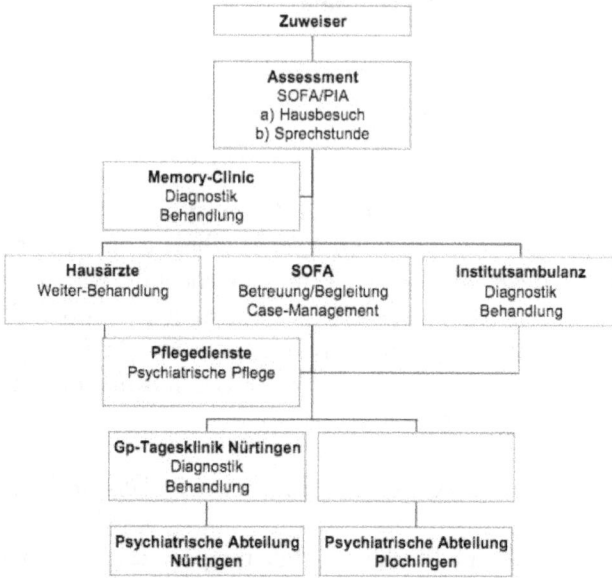

```
                            ┌──────────────────┐
                            │     Zuweiser     │
                            └──────────────────┘

                            ┌──────────────────┐
                            │    Assessment    │
                            │     SOFA/PIA     │
                            │  a) Hausbesuch   │
                            │  b) Sprechstunde │
                            └──────────────────┘

      ┌──────────────────┐
      │   Memory-Clinic  │
      │    Diagnostik    │
      │    Behandlung    │
      └──────────────────┘

┌──────────────────┐  ┌──────────────────┐  ┌──────────────────┐
│     Hausärzte    │  │       SOFA       │  │ Institutsambulanz│
│ Weiter-Behandlung│  │Betreuung/Begleitung│ │    Diagnostik    │
│                  │  │  Case-Management │  │    Behandlung    │
└──────────────────┘  └──────────────────┘  └──────────────────┘

      ┌──────────────────┐
      │   Pflegedienste  │
      │Psychiatrische Pflege│
      └──────────────────┘

┌──────────────────────┐
│ Gp-Tagesklinik Nürtingen│
│      Diagnostik      │
│      Behandlung      │
└──────────────────────┘

┌──────────────────────┐  ┌──────────────────────┐
│Psychiatrische Abteilung│ │Psychiatrische Abteilung│
│      Nürtingen       │  │      Plochingen      │
└──────────────────────┘  └──────────────────────┘
```

Sollte dieses ambulante Angebot zunächst nicht ausreichen, gibt es die Möglichkeit, die Patienten in der gerontopsychiatrischen Tagesklinik aufzunehmen. Voraussetzung hierfür ist, dass die Patienten am Abend und am Wochenende versorgt sind. Erst wenn auch dieses Angebot nicht ausreicht, kommt eine vollstationäre Behandlung in einer der beiden psychiatrischen Abteilungen der Kreiskliniken in Betracht.

Das Angebot wird also personenbezogen nicht institutionenbezogen gemacht. Es gilt der Grundsatz der geringstnötigen Hilfe!

Korrespondenzadresse:
Hartwig von Kutzschenbach
Gerontopsychiatrisches Zentrum Nürtingen
Sozialpsychiatrischer Dienst für alte Menschen (SOFA)
Stuttgarter Straße 2
72622 Nürtingen
E-Mail: *sofa@gpz-nt.de*

Buchbesprechungen

Karl Oskar Blase (2006) Wollten wir nicht Bilder machen? Künstlertagebuch eines langen Abschieds. Mit einem Vorwort von Prof. Dr. Andreas Kruse. Kassel (Euregio) 192 S., DIN A4-Format mit vielen Bildern. Euro 29,90

Karl Oskar Blase ist emeritierter Professor an der Kunstakademie der Universität Kassel und arbeitet als freier Graphiker. Er war auch documenta-Teilnehmer. Seine Frau Marga war über Jahrzehnte sein bevorzugtes Modell.

Als sie an Alzheimer erkrankt, steht er dem so hilflos gegenüber wie wohl jeder Ehemann. Bei einem seiner zahllosen Versuche, mit ihr Orientierung im Chaos der Krankheit zu finden, fragt er sie eher zufällig, ob sie denn nicht »Bilder machen wollten«. Und Marga, die inzwischen weder ihn noch das einst von ihr entworfene Haus erkennt, fordert tatsächlich am nächsten Tag das »Bildermachen« ein.

Drei Jahre lang führt Karl Oskar Blase ab diesem Zeitpunkt ein Künstlertagebuch, in dem sich schriftliche Eintragungen mit Portraits ergänzen. Und Marga gelingt es – zumindest im ersten Jahr – sich zurück zu verwandeln in seine sachkundig-kritische Arbeitsgefährtin, »glücklich in der Atmosphäre des Ateliers, als ernstzunehmende Figur.« Das ändert allerdings nichts am immer mühseliger werdenden Alltag, in dem die Dinge mehr und mehr zu ihren Feinden werden.

Näher noch als Marga Blase uns in der Würde ihrer Verzweiflung kommt, rückt Karl Oskar Blase mit seinem zähen Bemühen um ihr gemeinsames Leben. Wie soll er – selbst gesundheitlich angeschlagen – diesen dauernden Anforderungen standhalten, geduldig und liebevoll bleiben und dabei sich selbst nicht verlieren?

In lakonischer Offenheit lässt er den Leser teilhaben an eigenem Versagen und an der unausweichlichen räumlichen wie emotionalen Distanzierung, die sich zu Marga einstellt. »Der Motor jedes Kunstmachens,« schrieb der Künstler und langjährige Weggefährte Karl Oskar Blases, Harry Kramer, »ist das Bedürfnis, die eigene Verletzlichkeit hinter dem Produkt zu schützen, ist eine Angst vor totaler Vereinsamung, vor Vergessen und Tod.«

Karl Oskar Blase hat kein tröstendes Buch geschaffen, kein Buch, das uns zeigt, wie man es »richtig« macht im Umgang mit der Demenz. Aber er zeigt uns in Worten und Bildern, dass wir nicht allein sind im alltäglichen und vergeblichen Ankämpfen gegen die mit dem Altern und der Demenz einhergehende Angst, gegen das Vergessen und den Tod.

Angelika Trilling (Kassel)

Bernhard Reindl, Dieter Kreuz (2007) Wegweiser Wohnen im Alter. Berlin Wien Zürich (Beuth Verlag) 160 S, Euro 14,80

Meist bestimmen Lage und Ausstattung der Wohnung, wie selbstständig sich das Leben im Alter gestalten lässt. Diese eher banale Aussage wird in ihrer Dramatik erst deutlich, wenn gesundheitliche Einschränkungen oder Verwitwung den Wunsch aufkommen lassen, »etwas an der Wohnsituation zu ändern« oder wenn Angehörige oder professionelle Helfer darauf dringen. Was aber ist zu raten? Wie kann vor allem einem seit Jahrzehnten genau an diese Wohnung mit all ihren Unzulänglichkeiten gebundenen Menschen ein besseres Wohnen nahe gebracht werden, wenn auch noch seine Entscheidungsfreude eingeschränkt ist? Ein Wohnen zudem, das auch künftige Risiken abzufedern verspricht und dessen Vorzüge so leuchten, dass die Angst vor Aufwand und Abschied dagegen verblassen.

Zu schnell erfolgt in derartigen Krisen häufig der Umzug in das nächst beste, flüchtig bekannte Angebot, vielleicht in ein sogenanntes Betreutes Wohnen, bei dem sich die »Betreuung« in der Hausmeisterfunktion und in einem schnell aufgenötigten Hausnotruf erschöpft. Vielleicht findet sich auch eine Wohnung, die zwar in der Nähe der Kinder liegt, aber weder über ein barrierefreies Bad noch über gut erreichbare Einkaufsmöglichkeiten verfügt.

Mit der Einführung von DIN Normen für das Wohnen im Alter sind objektive Kriterien benannt worden, die gleichsam als Checkliste Angebote sortieren helfen und (hoffentlich) auf den Wohnungsmarkt zurückwirken, der sich nur zögerlich mit dem demographischen Wandel auseinandersetzt.

Den vorliegenden Band haben zwei »Wohnprofis« mit langer Beratungserfahrung verfasst. Das zeigt sich an der umfassenden und sachkundigen Darstellung all der »weichen« Fragenkomplexe, die – neben der »gebauten« Wohnung – entscheidend für einen oft erst wieder aufzubauenden Lebensmut sind. Die Informationen über Hilfen im Haus und über selbst organisierte Seniorenwohngemeinschaften fallen notwendigerweise eher allgemein aus, da die Angebote regional sehr unterschiedlich sind. Doch für alle, die sich mit dem Gedanken an einen »prophylaktischen Umzug« tragen oder die für ältere Angehörige oder Mitarbeiter bei einer solchen Entscheidung kompetent zur Seite stehen wollen, bietet der Wegweiser eine fundierte Orientierung.

Schön wäre es, wenn das Blättern im Buch Interesse wecken würde, sich vor Ort mit den einschlägigen Angeboten vertraut zu machen und vielleicht sogar an zuständiger Stelle die Lücken im Angebot anzumahnen, die beim Blättern deutlich wurden.

Angelika Trilling (Kassel)

Burkhard Pechmann (2007) Durch die Wintermonate des Lebens. Seelsorge für alte Menschen. Gütersloh (Gütersloher Verlagshaus) 143 S., Euro 14,95

Das Buch ist zur Unterstützung von Seelsorgern geschrieben, die im Altenbereich, insbesondere in Pflegeheimen tätig sind. Es wird aufgezeigt, wie eine praktische seelsorgerische Betreuung dieser Menschen aussehen kann und wie Gottesdienste gestaltet werden können. Obwohl deutlich ist, dass der Autor die Arbeit in Pflegeheimen gut kennt, gehen seine Überlegungen nicht von seiner Praxis sondern von dem Bibelzitat aus, dass »bei Gott kein Wort ohnmächtig ist«. Die Realität im Pflegeheim ist jedoch, dass dort Menschen mit einem Durchschnittsalter von 82 bis 84 Jahren wohnen, von denen mindestens die Hälfte auf Grund einer Demenzerkrankung gerade mit Worten nicht mehr viel anfangen können.

Konkret wird unter anderem in diesem Buch beschrieben, wie die Atmosphäre bei Gottesdiensten und bei anderen seelsorgerischen Tätigkeiten gestaltet werden kann. Dabei ist es wichtig, nicht nur die begrenzten Fähigkeiten der Bewohner zu berücksichtigen sondern Rücksicht auf den Heimalltag zu nehmen. Gottesdienste finden beispielsweise besser werktags und nicht sonntags statt, weil am Wochenende die Personalbesetzung zu gering ist, um den Besuch des Gottesdienstes zu unterstützen.

Gerade in dem Kapitel, in dem es um den Tod geht, werden die Schwierigkeiten dieses Buches besonders deutlich: »Was ist mit den toten Menschen? Spätestens angesichts des großen Gleichmachers kommen rein psychologisch orientierte Konzepte mit einer ausschließlichen Innenorientierung an ihr natürliches Ende: Ich bin und bleibe, der ich bin oder der ich gewesen bin. Sicherlich gibt es auch Einflüsse, die von außen zu mir kommen. Aber ich bin es doch, der die Steuerungsinstrumente fest in der Hand hält ...« (S. 59) So grenzt der Autor sich von anderen ab, die er aber nicht genauer benennt. Ich kenne niemand, der im psychotherapeutischen Bereich eine solche Auffassung vertritt. Gerade im Gespräch mit dement gewordenen Menschen wird deutlich, dass diese die Zügel sicher nicht mehr in der Hand halten; nach psychoanalytischer Auffassung ist das Ich sowieso nie Herr im eigenen Haus. Es handelt sich also um eine fiktive Abgrenzung, ohne dass die Position des Autors im Weiteren ganz deutlich wird.

Trotz vieler sinnvoller Vorschläge, wie man seelsorgerische Arbeit im Pflegeheim organisieren kann, fehlt der Schrift ein Gespür für ein empathisches Verstehen im Dialog mit den Bewohnern. Dies wird auch in einer Schilderung einer regelmäßigen Begegnung mit einer alt gewordene Lehrerin (S. 85f.) deutlich, die darüber klagt, es sei schlimm, dass ihr Gehirn nicht mehr richtig funktioniere. Mit seiner ersten Rückfrage, woran sie dies merke, holt er sie noch bei ihrem Problem ab. Sie antwortet darauf, dass ihr das Leben entgleite und sie nicht mehr zu Hause bleiben konnte. Die Schilderung geht dann weiter: »Wir entdecken nach und nach, dass wir uns im letzten Abschnitt unseres Lebens immer mehr in einem Übergangszustand befinden: Das häusliche Sich-Einrichten kommt an ein Ende. ›Wir haben hier keine bleibende Stätte‹, beschreibt für eine Menschengruppe die Gegenwart als eine begrenzte Raum-Zeit-Struktur und damit ein Ende dieser Form von Häuslichkeit ...« Für mich ist es bei einer solchen Antwort kein Wunder, dass jede Begegnung erneut mit dieser Frage beginnt und sich keine Entwicklung zeigt.

Zusammenfassend halte ich es verdienstvoll, dass überhaupt ein Buch über die seelsorgerische Betreuung von alten Menschen im Pflegeheim erschienen ist. Ich glaube aber, dass es notwendig ist, alte Menschen, die zum Teil schon unter einer mehr oder weniger starken Demenz leiden, so zu begegnen, dass die Antworten aus einem empathischen Dialog entspringen. Ein intensiver Austausch von Seelsorgern mit Psychotherapeuten, die sich der Therapie von alten Menschen stellen, könnte dabei hilfreich sein.

Johannes Kipp (Kassel)

Senf W, Broda M (Hg) (2007) Praxis der Psychotherapie. Ein integratives Lehrbuch. 4. Auflage, Stuttgart (Thieme) 896 S., 130 Abb., Euro 119,95

Das Lehrbuch von Senf und Broda nimmt unter den Lehrbüchern zur Psychotherapie einen besonderen Platz ein, weil es von einem Psychoanalytiker und einem Verhaltenstherapeuten gemeinsam herausgegeben wird. Damit wird bereits das Anliegen des Buches deutlich, nämlich die beiden in der kassenärztlichen Versorgung zugelassenen Verfahren aufeinander zu beziehen. Dass jetzt die vierte Auflage erschienen ist, macht deutlich, dass damit offenbar einem Bedürfnis von Psychotherapeuten entsprochen wird, das jeweils andere Verfahren mehr zur Kenntnis zu nehmen und vielleicht sogar einzelne Elemente einzubeziehen. Starre Grenzen aufzuweichen ist ausdrücklich auch Anliegen der Herausgeber, nicht um einem eklektischen Vorgehen das Wort zu reden, sondern um die Kommunikation zu verbessern und dafür zu sorgen, dass Patienten die für sie besten Therapien erhalten.

Der 874 Seiten starke Band behandelt das Thema in sehr umfassender Weise, wobei überwiegend sehr renommierte Autoren beider Disziplinen vertreten sind. Angefangen mit der Frage, was eigentlich Psychotherapie ist, werden in einem umfangreichen Kapitel die Grundlagen der Psychotherapie behandelt, angefangen bei neurobiologischen Voraussetzungen, entwicklungs- und sozialpsychologischen Grundlagen und vieles mehr. Nachdem die allgemeinen diagnostischen Prinzipien und Vorgehensweisen abgehandelt worden sind, folgt eine allgemeine Darstellung der beiden therapeutischen Richtungen. Hinzu kommen Kapitel zur systemische Therapie und zur Beratung. Der umfassendste Teil bezieht sich auf eine Abhandlung der gängigen Krankheitsbilder, wobei jedes Kapitel von einem Verhaltenstherapeuten und einem Psychoanalytiker geschrieben worden ist. Dies gilt auch für den anschließenden Teil, der besonderen Problemstellungen gewidmet ist.

Darin findet sich auch ein Kapitel über Psychotherapie bei alten Menschen, verfasst von G. Heuft, G. Haag und U. J. Bayen. Für diejenigen Kollegen, die sich bereits mit diesem Thema befasst haben, findet sich hier sicherlich nichts Neues. Für all die anderen aber, die sich das Buch aus anderen Gründen zugelegt oder es zur Hand genommen haben und die beim herumschmökern auf dieses Kapitel stoßen und mal ›reinlesen‹, bietet es einen Anstoß, der vielleicht weiteres Interesse zu wecken vermag. Es wird überzeugend dargelegt, dass die Vorbehalte gegenüber der Psychotherapie älterer und alter Menschen überholt sind und es sich um ein klinisches Feld handelt, das viele von uns zukünftig beschäftigen wird. Ohnehin kann man es als einen Hinweis auf den Normalisierungsprozess der Psychotherapie Älterer sehen, dass das Thema in solch ein umfassendes Werk aufgenommen wurde.

Vor uns liegt also ein nicht nur umfangreiches, sondern auch in jeder Hinsicht überzeugendes Werk, das sich gut als Nachschlagewerk in unserem Bücherschrank macht. Einen Wehrmutstropfen gibt es aber doch zu vermelden, nämlich die nachlässige Gestaltung der Literaturliste. So findet sich der Hinweis von Heuft auf Freud 1918 in der Literaturliste nicht wieder, wie überhaupt bei den Freudzitaten ein großes Durcheinander festzustellen ist. Jedenfalls konnte ich keine einheitliche Zitierweise ausfindig machen und die Reihenfolge der aufgeführten Titel erscheint mir willkürlich. Der Rezensent gesteht, nur die Literaturhinweise bei Freud überprüft zu haben, sodass die Hoffnung bleibt, die Literaturliste sei ansonsten ebenso sorgfältig gestaltet wie das Buch insgesamt.

Meinolf Peters (Marburg)

»Die Tür« – Gedanken zum Titelbild

Renate H. Sommer (Wickede)

Das Bild entstand spontan. Die erste Zeichnung für »Die Tür« war ein schemenhaft dargestellter Durchgang. Der Titel stand jedoch von Anfang an fest. Seine verschiedenen Betrachtungsebenen wurden mir durch Einfälle vieler Betrachter und eigene Assoziationen deutlich:

Die Tür als Symbol des Übergangs zwischen zwei Bereichen, als Auseinandersetzung mit dem »Davor« und »Danach«. Nach einer schmerzhaften Trennung nach 37 Jahren Ehe an der Schwelle vom mittleren Erwachsenenalter ins frühe Alter habe ich neue Entwicklungen machen können, begleitet von einem Gefühlsgemisch von Resignation und Aufbruchsstimmung. Türen öffnen sich oder bleiben verschlossen; manche Türen muss man selbst öffnen, manche Türen waren immer geöffnet; ich hielt sie nur für verschlossen. Die Tür eröffnet Wege, weist auf einen Raum hin, gewährt einen Blick in die Richtung, aus der die Tür betreten oder verlassen werden kann und einen Blick in das Ungewissen und Verborgene.

Wie empfinden wir den Weg ins Alter mit dem Nachlassen der körperlichen und geistigen Kräfte, mit dem »nicht mehr Gebrauchtwerden«, mit der Angst vor dem Alleinsein und mit der Auseinandersetzung mit der unvermeidlichen Endlichkeit des Lebens? Der Weg durch die Tür ist nicht einfach. Die spirituelle Dimension des Bildes drückt den Zwiespalt zwischen Glaubens und Zweifeln aus: Als Adventssymbol verstanden öffnet die Tür den Weg in ein jenseitiges Dasein; andererseits kann sie in ein alles verschlingendes Nichts führen. Auf die aktuellen Lebensaufgaben im Alter heruntergebrochen, bedeutet die Tür eine Aufforderung, nämlich einen Weg zu beschreiten und möglichst losgelöst von festgefahrenen Pfaden sich auf neue Entwicklungen einzulassen. Altern heißt ja nicht zugleich, keine Fähigkeiten mehr zu haben, keine Möglichkeiten mehr zu ergreifen. Deshalb lohnt es sich, die Türschwelle zu überschreiten.

Korrespondenzadresse:
Renate H. Sommer
Pestalozzistr. 14
58739 Wickede
www.sommeragentur.de
E-Mail: *R.Sommer-Unna@t-online.de*

Veranstaltungshinweis

6. Hersfelder Forum »Alter und Sucht« am 12.3.2008

AHG Klinik Wigbertshöhe
Am Hainberg 10–12
36251 Bad Hersfeld
Tel.: 06621–185-0
E-Mail: *wigbertshoehe@ahg.de*

Autorinnen und Autoren

Yizhak Ahren, geb. 1946, Dr. Phil. Dipl.-Psych. Professor für Psychologie an der Universität zu Köln. Leitet einen Talmud-Kurs im Rahmen der Synagogen-Gemeinde Köln. Zahlreiche Veröffentlichungen über Judentum, Psychotherapie und Medienpsychologie.

Alfons Höfer, geb. 1937 in Hönningen/Sieg. 1949 bis 1958 Gymnasium Aloisiuskolleg in Bonn Bad Godesberg. 1958 Eintritt in den Jesuitenorden, Noviziat bis 1960. Dann bis 1962 Philosophie in Pullach bei München, danach bis 1964 Sekretär des Regens der Phil.-Theol. Hochschule St. Georgen. Von 1964 bis 1968 Studium der Theologie in St. Georgen. 1968 Priesterweihe. Seit 1968 in der Erwachsenenbildung in der Diözese Köln tätig, von 1986 bis 1992 Provinzial der Norddeutschen Provinz der Jesuiten und von 1992 bis 2007 Leiter der Karl Rahner Akademie in Köln.

Johannes Kipp, geb. 1942, Dr. med., Facharzt für Neurologie und Psychiatrie und für psychotherapeutische Medizin, Psychoanalytiker (DPV) und Gruppenlehranalytiker, Direktor der Klinik für Psychiatrie und Psychotherapie und der Klinik für psychosomatische Medizin und Psychotherapie am Klinikum Kassel. Buchveröffentlichungen zur Psychosentherapie (gemeinsam mit Unger und Wehmeier) »Beziehung und Psychose« (2. Aufl. 2006) und zur Gerontopsychiatrie und -psychotherapie (gemeinsam mit Jüngling) »Einführung in die praktische Gerontopsychiatrie« (4. Aufl. 2007), Mitherausgeber und Schriftleiter der Zeitschrift »Psychotherapie im Alter« mit zahlreichen Artikeln zur Gerontopsychotherapie.

Bernd Klose, geb. 1952, Dr. med., Facharzt für Psychosomatische Medizin und Psychotherapie, Facharzt für Psychiatrie und Psychotherapie, Psychoanalytiker (DGPT, DPG) in eigener Praxis. Vorstandsmitglied und Lehranalytiker des Instituts für Psychoanalyse und Psychotherapie Düsseldorf e.V. Besondere Arbeitsgebiete: Psychodynamik psychiatrischer Erkrankungen, Suizidalität, transgenerationelle Weitergabe traumatischer Erfahrungen.

Bahman Rahnema, geb. 1941, in Teheran aufgewachsen und in Deutschland Medizin studiert. Nach der Facharztausbildung für Neurologie und Psychiatrie mit Zusatz Psychotherapie über 10 Jahre in psychiatrischen Kliniken tätig, u. a. 2 Jahre als Oberarzt in der forensischen Psychiatrie in Düren. Danach etwa 23 Jahre als niedergelassener Nervenarzt und Psychotherapeut in eigener Praxis tätig. Seit der Pensionierung vorwiegend psychotherapeutische Tätigkeit in der Praxis einer Kollegin.

Wilfried Ruff, geb. 1937, Dr. med, Dr. theol. Nach seiner psychoanalytischen Ausbildung in Göttingen gründete er 1987 das DPG-Institut Siegen-Wittgenstein. Er ist in Privatpraxis tätig, nachdem er 23 Jahre lang (bis 2002) Ärztlicher Direktor der Klinik Wittgenstein in Bad Berleburg war. Seit 2004 ist er Vorsitzender des Vertrauensanalytiker-Gremiums der DPG. Seine wissenschaftlichen Schwerpunkte betreffen ethische Grundfragen sowie das Verhältnis von Religion und Psychoanalyse

Renate Hildegard Sommer, geb. 1947 in Remscheid. Ausbildung als Versicherungskauffrau. Heirat mit 18 Jahren; vier Töchtern und fünf Enkelkinder. Die in einer Lebenskrise autodidaktisch begonnene Malerei führte zu Kontakten mit Künstlern und ermöglichte eine späte Professionalisierung. Von 1999 bis 2001 Dozentin an der Volkshochschule Schwerte Fachbereich Kunst. Seit 1997 Ausstellungen u. a. in Geldern, im Revierpark Oberhausen Krefeld, Dortmund, Unna, Aijika (Ungarn) und Wickede/Ruhr. Selbstständig mit Büroservice für Kliniken und Firmen und mit künstlerischer Malerei.

Bertram von der Stein, geb. 1958, Dr. med., Psychoanalytiker (DGPT, DPG), Gruppenanalytiker (DAGG), Dozent am Institut für Psychoanalyse und Psychotherapie Düsseldorf, Arzt für Psychotherapeutische Medizin, Arzt für Psychiatrie und Psychotherapie. Von 1995 bis Ende 2003 in verschiedenen psychosomatischen Kliniken im nördlichen Rheinland u. a. in leitenden Funktionen tätig. Erfahrungen in psychosomatischer Rehabilitation und Psychotherapie mit Älteren und Migranten. Seit Mai 2003 niedergelassener Psychoanalytiker in eigener Praxis. Veröffentlichungen v. a. über Ich-strukturelle Störungen, Alkoholismus, autodestruktives Verhalten, Kriegstraumatisierungen und Migration.